労働弁護士50年

高木輝雄のしごと

名古屋共同法律事務所●編

かもがわ出版

刊行に寄せて

中川　武夫（中京大学名誉教授）

本書は、名古屋生まれ、名古屋育ち、また弁護士としても一貫して地元名古屋で活動を続けられてきている高木輝雄弁護士が、弁護士になられて50年であることを記念して、高木輝雄弁護士事務所（現・名古屋共同法律事務所）の後輩の弁護士たちがインタビューされた内容をまとめられたものです。

私は、高木弁護士とは、新幹線公害を通じて知り合いました。1969年に医学部を卒業し医者になった私は、そのころ日本中で大問題となっていた「公害」と「人の健康」について学ぶべく、公害問題に取り組みました。その中で出会ったのが、名古屋南部の大気汚染と並ぶ大問題になった「新幹線公害」でした。「新幹線沿線のアパートは空き部屋が多い」と地域を知る保健婦さんが話しているということを知り、現地へ出向き、聞き取り調査や騒音測定を始め、「これは大変なことが起きている」のではと感じました。沿線とは全く離れた地域に住む私は、新幹線公害などは考えてもおりませんでした。住民の活動が、あちこちで起きていることも知りました。それらが一緒になって、大きな住民運動へと発展してきました。その経過の中で、熱田区千年学区でも運動が立ち上がり、その中心となったのが、本文にも出てくる故中野雄介さん（のちの原告団事務局長）でした。その中野さんが、「地元に、子供のころからよく知っている弁護士さんがいる」ということで、運動に参加していただくことになり、運動の発展として裁判も視野に入れた活動に発展してきました。その弁護士さんが、高木輝雄弁護士でした。現地へ行きますと、高木弁護士のお住まいは新幹線に隣接しており、新幹線公害の被害者でもありました。

高木弁護士は、弁護団事務局長として、和解までは新幹線公害一筋で文字通り「専任」で取り組まれていたように思われました。和解後、「リハビリをしながら普通の弁護士に戻っていくよ」とおっしゃられたことが記憶に残っています。その後もずーっと、今も、まだ新幹線公害原告団の皆さんと一緒に活動を続けさせていただいております。

名古屋共同法律事務所には、新幹線公害の事務所も置かせていただき、会議もすべて事務所で行わせていただくなど、名古屋新幹線公害運動は、訴訟も含めて現在に至るまで高木弁護士抜きで語ることはできません。

もう少しで50年になる高木弁護士と私のお付き合いですが、先生の弁護士としての活動についてては、それほどは知りませんでした。先生は、弁護士としての活動について、あまりお話になられなかったし、また私も特に聞き出すことはしなかったからです。しかし、司法修習生の時代から、四日市公害へ取り組まれたこと、労働者の権利を守る裁判に取り組まれていたことは、お話の端々から知ることができました。時には、先生が係わっておられる裁判や運動へ協力させていただいたこともありました。

この文章を書かせていただくにあたって、本文を読ませていただき、高木弁護士が本当にいろいろの活動をされておられたことを改めて知りました。頭が下がる思いです。

時代背景には、いろいろ違いがありますが、こういう弁護士さんがおられるということの意味は、若い弁護士さんだけでなく、公害などにかかわって住民運動をされておられる方、係わっておられた方々、労働運動や労働者の権利を守る活動に参加されておられる方々や様々な社会運動に取り組んでおられるかたがた、いや全ての方にご一読いただきたいと、こころから思いました。

もくじ

第 1 章

労弁誕生まで 25 年

——何もかも時代が作った——

大須球場の集会要求を示すプラカード（1952.7.7 このあと大須事件が起きた）

名古屋生まれの名古屋育ち

――月並みですが、生い立ちからお聞きしましょうか。

ボクは1942（昭和17）年8月25日、名古屋市熱田区の生まれです。太平洋戦争のまっただなか。熱田区千年というところに住んでいました。熱田区は、航空機を作っていた愛知機械など、軍需工場がいっぱいあったから、集中的に空襲を受けた。空襲がひどくなってからは親父の出身地である岐阜に疎開して防空壕で暮らしたこともあるけれど、敗戦のときは3歳だから、話として聞いているだけで、記憶はありません。もともと記憶力に自信はないんですよ。戦後、このあたりは焼け野原になって、焼け野原の中を歩いて小学校へ通ったという記憶はあります。

ボクの家は全焼したので、ボクの友人の家が持っていた借家に入れてもらったんですが、そこで伊勢湾台風に遭いました。1959（昭和34）年、東海高校2年生のときです。伊勢湾台風はすごかった。愛知、岐阜、三重の3県で五千人以上の死者が出たんだから。借家は平屋建てで1階の軒下まで浸水しました。すぐそばにあった叔母の家が2階建てだったので、そこに避難して助かった。そうでない人はすぐそばの熱田高校へ避難したんだけどね。

――すぐそばに県立の熱田高校があるのに、遠い私立の東海高校へ行ったのはどうしてなんですか。

自宅近くで東海中学の先生が習字を教えていて、ボクもそこで習っていました。その先生に勧められて、中高一貫の男子校・東海中学に入ったんだ。

――先生は弁護士や労働組合の人たちとよくソフトボールをされていましたが、子ども時代や青年時代、何かスポーツをされてたんでしょうか。

ソフトボールは好きだったけど、特別なことは何もやってない。野球は親父が中日ドラゴンズの大ファンで、当時の中日球場へよく観に行った。おふくろは長谷川一夫とか市川右太衛門のチャンバラ映画が好きで、しょっちゅう連れて行かれた。熱田神宮のそばに旗屋シネマという映画館があって、そこで映画を観て、隣のうなぎ屋でごはんを食べるというのが定番だった。親父やお袋との思い出はそれぐらい。だからボクも子どもの頃からチャンバラでよく遊んでた。高校では剣道部に入ったんだけど、叩かれてばっかりで面白くないから、すぐや～めたっ。長続きしなかった。

――子どもの頃は何になろうと思ってたんでしょう。

ただ漠然と、学校の先生になろうとは思ってたね。なぜかと言うと、小学校のとき先生にかわいがってもらってたんだ。小学校のとき、ボクは身体が弱くて、小児喘息にもなって、１年の３分の

1ぐらい休んでたので、先生が宿題を届けてくれたり、ずいぶん親切にしてくれた。そういう影響もあって先生になろうと思ったんだね。親戚にも教師は多かったし。

高校3年のときに60年安保闘争がありました。そういうことにボクは特別関心があったわけではないけど、東海高校はかなりフリーで、全学集会に全学連の学生が来て話をしたり、アジテーションのようなことをしてました。だから積極的ではないけれど、社会的な問題についてそれなりに関心はあったんだろうね。私立高校だからかな。学長が林霊法というお坊さんで、この人は後に愛知憲法会議ができたときの発起人の一人、偉い人だったね。外へ出ればデモ隊に出会うことも頻繁にあったし。そういう時代だったんです。

大学は名古屋大学。法学部に入ったけど、法律家になろうとは思っていなかった。文系とは思ってたけど、経済は金の話だからいやだ、法学部ぐらいしかないやと思って入ったんです。教師になるコースがあったので、それも受けました。ゼミは三宅正男教授や森嶌昭夫教授。民法ゼミを選んだ理由は特にありません。法曹の社会のことは全然知らなかったし、実務家に会ったこともなかったし。

大学時代、そんなにまじめには勉強しなかった。自治会主催で講演会をやったりしました。それが当時の情勢でもあったから。3年、4年ぐらいにそういうものに出会った。後に日本平和委員会の事務局長になった森賢一さんが先輩にいて、愛知県平和委員会が募集していたアルバイトに入れてもらった。平和委員会のアルバイト事務局員です。ボクの大学時代の活動といったらそれぐらいかなあ。日本平和委員会は１９４９年発足だけど、当時の平和委員会は活発だったんですよ。

——影響を受けた先生はどなたですか。

行政法の室井力教授と憲法の長谷川正安教授、森嶌昭夫教授の民法にも非常に関心を持ちました。それから三宅正男教授の民法と労働法。

——室井先生は、当時は岡山大学の教授で、名古屋大学には集中講義で来ていたと思うんですが、室井先生の行政法はどんなところが面白かったんでしょう。

どんなって……、全部だね、新鮮だった。室井教授とは弁護士になってからもしょっちゅう麻雀やったり、一緒に飲んだり、よく面倒みてもらったけどね。

司法試験・修習生、そして弁護士に

——司法試験を受けて、志望は最初から弁護士でしたか。

三宅教授は労働法と民法担当だったけど、ボクは民法ゼミ。特に労働法に興味はなかったんだ。

大学の教養時代2年を終わって、法学部も専門課程に入って、いろいろ話を聞くうちにそういう道もあるのかなと思って、4年のときに司法試験を受けました。けれど、短答式試験で落ちたので、1年留年して合格したんです。

研修所に入ってからも、当時は青法協が非常に積極的に活動していて、ボクが修習生の時は半分以上が青法協会員だった時代。そんなことから、だんだん自分の道が決まっていったかな。運動や闘争に少しは参加してたから、自然に弁護士かなぁと。合格したのは1965（昭和40）年、20期で、翌年4月に司法研修所に入所しました。大学の4年のときに司法試験も受けたけど、就職も考えなくちゃというので、東京海上を受けました。試験には受かったけど行く気はなくて、断ってから親に報告したら怒られた。あのとき就職してたらどうだったかなぁと考えたこともあるけど、たぶん長続きしなかったと思うね。上司とすぐに喧嘩したりして。

――司法修習生時代の青法協の活動は、半分ぐらいが会員ということですから、司法研修所からクレームがつくとか何も問題はなかったんですね。

非常に自由に自主的な活動ができましたよ。研修所のなかで青法協（青年法律家協会）の集会をやるとか。

東京の研修所へ通っていた当時は、青法協のメンバーが多かったでしょ。クラス連絡委員会として、デモや集会、社会的な運動に参加してた。ボクもクラス会の役員だったけど、研修所サボってデモに参加したり。修習生時代はずっとそうだった。研修所はそういうのに対していろいろと注文をつけてきたけど、それほど攻撃的ではありませんでした。

司法研修所の同期は20期で、五十嵐敬喜さん、金沢の菅野昭夫さん（双子で兄は東大の労働法の菅野和夫さん）、東京の菊池紘さんら。横路孝弘さんとか江田五月さんとか政治家になったのもいるけど。

――最終的には名古屋第一法律事務所に入ることになるわけですが、弁護士になるにしてもいろんな弁護士があります。労働弁護士になろうと決めたのには、何か理由があるのですか？

実務修習は名古屋で、青法協活動もやっていたので、東海労働弁護団のメンバーと付き合いができたり、一杯呑む機会が設けられたりということがあったんです。とくに安藤巌弁護士、伊藤泰方弁護士と出会ったのが大きいですね。

当時、大須事件という騒擾事件の裁判が続いていました。ボクも大須事件に関心があったので、実務修習中の指導教官に「今日、大須事件の法廷があるので傍聴に行っていいですか」って言ったら、裁判官が認めてくれて、研修時間中だったけど大須事件の法廷を傍聴したりしました。そんななかで、安藤巌弁護士や伊藤泰方弁護士、花田啓一弁護士、大須事件の弁護団長だった岡崎の天野末治弁護士。桜井紀弁護士、白井俊介弁護士、森健弁護士。そういう大先輩たちと付き合いができたんです。

名古屋第一法律事務所はそれまでは合同事務所だったんだけど、それぞれ独立したりして、当時は安藤巌さんが一人でやってた。19期の藤井繁弁護士が、第一法律事務所をまた合同化しようと相談をしてるので入ってくれ、と言ってきたんで、ボクは直ちにオーケーと返事をしました。1968（昭和43）年4月、25歳のときに名古屋第一法律事務所へ入ったんです。その年の6月、安藤巌、伊藤泰方、原山恵子、藤井繁、それにボクの5人で新生名古屋第一法律事務所が誕生したんです。

名古屋第一法律事務所が合同化するまでは、安藤、花田、尾関闘士雄、大矢和徳の4人の弁護士がボクの面倒をみるということで、ひとり1万円ずつボクに給料をくれた。当時修習生の給料が2万円ぐらいでした。ボクは安藤さんのところに通うんだけど、4人の弁護士の仕事を手伝った。そのうち大矢弁護士は東海法律事務所を作るとか、体制が変わっていって、ひとり1万円出すことはなくなったんですが、若い弁護士が少ないということもあって、先輩弁護士にはすごくかわいがってもらったし、育ててもらいました。その割にあなたは育てていないって、妻によく言われます。

――最初の頃は、何人かの先生に付いて事件を担当したんですね。その頃の事件で印象に残るものはありますか。

弁護士になった当時の労働情勢、労働組合の状況、そういう中で起きた労働事件というのは、非常に印象に残っています。いわば、ボクを労働弁護士として育ててくれたような、そういう事件がいっぱいあった。裁判だけじゃなくて労働運動もそうでした。学生時代に自治会活動をやったり、修習生のとき青法協活動をやってはいましたが、労働運動や労働組合の活動は身近に経験していなかった。労働弁護士になって触れた労働運動が、非常に素直に入ってきたというのがボクの弁護士としてのスタートです。

――高木弁護士が名古屋第一法律事務所に入られた1968年というと、70年安保前夜ですね。

高校時代に非常に大きな社会問題として60年安保闘争はありました。これは政治の問題であると同時に、例えば東大の学生・樺美智子さんがデモの最中に公安警察などが介入してきて亡くなるなど、大きな社会問題として、当時はマスコミも非常に大きく取り上げていました。そういうこともあって、高校生にも自然と入ってきた。大学に入ってからも自治会の活動に参加したけど、当時は大学生も授業をボイコットして集会に行ったり、政暴法反対とか政治的な問題でデモをしたりというようなことが、しばしば行われていた。教授たちも協力してくれて、学生時代も自然と運動に入っていった。そういう中で司法試験を受けて司法研修所に入って、という話は先ほどしましたね。

そういう動きの中で「どういう弁護士になるのか」と考えて、労働弁護士になろうと決めました。

政府も財界も60年安保の教訓を活かして、70年安保ではその轍を踏むまいと懸命になっていた時代です。刑事弾圧事件も公害事件も労働事件もいっぱいある、そういう社会状況だったんですよね。だから、弁護士になったハナから毎日労働事件に追われている。そんなところから弁護士として出発したんです。

――労弁になった人はどれぐらいいますか。

全国的にはそこそこいると思うけど、名古屋では林光佑弁護士とか、小栗厚紀弁護士、梅沢和夫弁護士らは、青法協活動はやってるけれど、労弁になったのはボクぐらい。労働事件を担当する中心メンバーはあまり変わらなかったけど、伊藤泰方弁護士は自由法曹団、安藤巌弁護士は東海労弁、花田弁護士は日民協、青法協は郷成文弁護士と、それぞれ分担するようになっていった。そういう人たちと付き合いは自然とできてたね。何か特別なきっかけがあって、ということではないんだけど。

第 2 章

若き労働弁護士誕生

——大きな敵に立ち向かう——

東プラ闘争勝利判決集会（1975年）

刑事弾圧事件・大須事件と高田事件

――最初に出会った事件は。

当時、ほとんどが公害事件と労働事件と刑事弾圧事件。一般民事事件なんて出会ったことない、と言っていいぐらい。

大須事件は1952（昭和27）年の事件なのに、ボクが弁護士になったときも、まだ第一審だからね。そのころは、弁護団長は天野末治弁護士で、弁護団は桜井紀弁護士、森健弁護士、白井弁護士の4人だけだった。

――大須事件とは何だったのか、時代背景も含めてお話しいただけませんか。

事件当時はまだアメリカが強く日本を支配していました。名古屋でも、今の白川公園の辺りが在日米軍の家族住宅地でアメリカ村と呼ばれてたんですね。鶴舞の公会堂もアメリカ軍のダンスホールになっていたり、形の上では独立したけど、まだアメリカ軍の影響が非常に強かった。その中で、東京のメーデー事件、大阪の吹田事件、名古屋の大須事件という三大騒擾事件と言われる事件が起きた。米軍の実際上の支配に反対して行われた集会やデモ行進に対して、警察が弾圧してきたということなんだよね。
大須事件は、中国視察から帰ってきた社会党の帆足計議員、改進党の宮腰喜助議員を名古屋駅に出迎え、その報告会が大須野球場（今はスケートリンクになってるけど）で開かれた。そのとき、共産党の１９５１年の綱領で決められた左翼冒険主義の方針が絡んで起きたと書いたものもある。デモ隊が火焔瓶を準備していたのを警察がキャッチして、今、名古屋共同法律事務所があるウイストリアビルのあたりをデモ隊が歩いていたところへ警官隊が出てきて、びっくりして逃げるときに火炎瓶を投げたとか。ただ、事件当時ボクはちょうど10歳で、リアルタイムの記憶はまったくありません。

——朝鮮人の方も多く参加されていたと聞いていますが。

敗戦直後は在日朝鮮人の人たちも日本共産党に加わって、党の再建に積極的に参加していました。その後、朝鮮の方針が変わって、日本の国内政治に在日は関わらないようになっていくんだけど、当時はまだ関わってたんだね。一緒になって日本の民主化を成し遂げようというので、武装闘争方針を掲げたりして、破防法事件なんかになったりしてるわけ。大須事件の被告には在日朝鮮人の人たちがたくさんいたね。

――刑事事件で27年やったんですね。

ボクが弁護団に加わった頃も、大須事件の刑事事件の本題に関する議論じゃなくて、当時警察の方が事前に情報を得て介入をしてきた、弾圧してきた、騒擾罪の構成要件がどうこうというより、政治的な議論ばかり延々とやるというような状況だった。

天野弁護団長は警察検察が周到に準備してきた計画的弾圧事件であると言っていて、名古屋市で行われた集会でもこれは謀略だというように主張していた。刑事事件としての内容を直接議論する前に、警察の弾圧だ！というところのやりとりが、ずっと続いていたね。

それに対しては、恒川雅光弁護士だったか、もっと事実関係を明らかにすることを早めにやっておけば裁判に勝てたかも知れないと言い、天野弁護士は民主連合政府ができるまで事件を伸ばすというような心構えでやっていた、などと言っている。ずいぶん後からわかったこととして、火炎瓶はデモ隊が攻撃的に投下したんじゃなくて、警察の先制攻撃に驚いて放り出したんだとか。事実関係を最初から明らかにすべきであった、と書いています。

――メーデー事件は事実関係をずっと追ってますね。吹田事件も。あれは無罪を勝ち取ったんですね。

それに比べて大須はということで、いろいろ議論はあったけど、被告団長の芝野一三さんが下獄された。芝野さん自身も、共産党の人が火炎瓶を投げつけたんじゃないかぐらいに思っていて、全然確信が持てなかったとおっしゃってますね。上前津のそばに国民救援会の事務所があるけど、あそこが大須事件の被告団の事務所を兼ねていた。救援会も、裁判が27年も続くと、なかなか統一とれないですよね。被告団の中でも対立があった。

被告団に林学さんもいたんですよ。彼は高校生で、後に作曲家になった。ボクは今、名古屋青年合唱団と一緒に林学さんの歌を合唱している。林さんもボクをよく覚えてて、懐かしがってたね。

――大須事件で印象的だったことはありますか。

ボクは被告人の個別の尋問はやったけど、全体のことは天野末治弁護士、伊藤泰方弁護士がやっていた。事件としてというか、法律的なこととして印象的なことはないんだけど、徹底的に裁判官や検察官とやり合うんだなあというのが印象的で……。

それから、同じく1952（昭和27）年に、名古屋市瑞穂区の高田派出所を労働者たちが攻撃したという高田事件が起こってる。そのころ派出所とか税務署を襲うという事件がいくつかあったんだ。

東京ではメーデー事件、大阪では吹田事件、長野では辰野事件と、同じような弾圧事件がいっぱい起きていた。名古屋では大須事件を中心に、高田事件とかＰＸ事件とか東税務署事件とか。そういうところに労働者が攻撃をかける。なぜ、いっぺんに起きたかというと、政党の方針も絡んでいるとは思うけど、やっぱり当時の社会情勢だろうね。そういう形で世の中を変えていこうというような。

前年に結ばれたサンフランシスコ講和条約が4月に発効したけれども、まだアメリカ軍がいる。サンフランシスコ講和条約が片面的だ、という反発があったんだろうね。当時の米ソの対立問題が日本に反映したというか、アメリカとだけ講和条約を結ぶ単独講和でいいという考え方と、当時のソ連や中国との関係で全面講和を目指すべきだという考え方と、大きな対立があったんだよね。

――高田事件は、1969（昭和44）年6月に再開されるまで、15年余り審理が行われなかったとあります。

高田事件は、審理が少し進んだところで審理が中断されたんだよね。中断は長期にわたっていて、ボクが弁護士になって少しした頃に審理が再開されることになって、ボクはその段階で弁護団に加わった。弁護団の中心は伊藤泰方弁護士とボク。安藤巌弁護士も弁護団のメンバーだった。

高田事件は刑事3部に係属していたが、刑事1部に係属している大須事件の審理終了を待って再開すべきという弁護団からの意見を裁判所が受け入れたという主張もあるかも知れないけど、高田事件の審理が中断された背景には、いろんなことがあったと思う。

――迅速な裁判を保障した憲法37条1項が具体的に認められた事件ですよね。大須事件でも同じ主張をしていますが、大須事件では認められていない。

高田事件は完全に中断していて、空白状態がずうーっと続いたということだよね。最終的には、明文の免訴理由にない理由を認めて免訴を認めた。一審は公訴時効が完成した場合に準じ、刑訴法337条4号で免訴にし、二審は一審判決を取り消され差し戻されて負け、それで上告をして、最高裁は一審判決を結論において正当であるとして、免訴だった。長きにわたって中断という状態が続いたというのはもう免訴事由にあたるということだったね。

――控訴審判決は、免訴判決を取り消したのですか。

迅速な裁判を受ける権利を認めつつも、救済のための具体的な方法が定められていない、として「被告人の迅速な裁判を受ける権利を現実に保障するためには」立法措置が必要だとして一審判決を破棄したが、それを最高裁が誤りだとして免訴を言い渡したんだ。

若い頃だから、一生懸命勉強したわけ。地元では長谷川正安さんとか、意見書を書いてくれた人もあった。憲法学者とか刑法学者とか、名古屋大学の先生とか、いろいろな人に協力してもらったり、教えてもらったり。

――最近でも高田事件の最高裁の決定が問題になっています。刑訴法で明文で免訴を認める規定はないので、ダメだというのが今でも下級審で出てる。そこで、最高裁の高田決定があるじゃないか、と引用してるのがけっこうありますね。

最高裁では、最初は小法廷に係ってた。それが大法廷に移行して、大法廷がそれを認めたんだね。1972（昭和47）年だけど、当時の最高裁はそういう面もあったんだね。

――大須事件の審理終了を待ってという弁護人側からの要望があって審理を中断したのに、よく認めてもらえたなと、ちょっと意外な感じがしたんです。

ボクは直接関与してないけど、当時は大須事件をはじめ、大きな公安事件があったから、進行について弁護側からの意見が出たということなんだと思う。

――判例タイムズなどを見ると、本判決は第一審裁判所が全証拠を取り調べた後に大須事件と競合するという経緯があった。迅速な裁判は第一義的には裁判所の責任にあるという判断があったからかなあと。最高裁は「当事者主義を取り入れた訴訟構造のもとにおいては、検察官および被告人側にも積極的な訴訟活動が要請される、然し、少なくとも検察官の立証が終わるまでの間に訴訟進行の措置が執られなかった場合において、被告人側が積極的に期日指定の申し立てをするなど、審理を促す挙に出なかったとして、その一事をもって被告人が迅速な裁判を受ける権利を放棄したとすることは許されない」と言ってるんですが、それが大須事件では違うんですね。

大須事件はその間ずーっと審理をやってたから、空白期間はないわけ。でも、迅速な裁判を受ける権利侵害だという主張はしてる。

控訴審でひっくり返って、最高裁がよく認めたと思う。当時は迅速裁判至上主義みたいなのがあったと思うけど、最高裁の決定にはホントにびっくりした。

当時の小法廷の裁判長が後に長官になる石田和外で、もう司法反動の時代に入ってた。その後大法廷に変わったけど、最高裁で弁論するなんて、ほとんどないんだけどね。

――最高裁での弁論というのは読み上げるということですか。

そう。書面も出してね。

――勝因はなんだと思いますか。

憲法上の裁判・訴訟の基本の問題を理解するということももちろんある。実務的なこととして、その判決が与える影響力がどうかとか、判決を出すことによって訴訟の迅速化を進めるという面があるとか、そういうようなことだという気がして、もちろん憲法上の訴訟の基本ルールはあるし、当時の小法廷の構成の中でも積極的な学者出身の裁判官とか、そういう人がいることはよくわかった。憲法上のルールを重んじるというのも当時はあった。

一審では突然裁判所が本件についての意見を述べるということで、公訴棄却の判決を口頭で言い渡した。聞いてびっくり。事前にそこで裁判所の意見を述べるとかそういうことは何もなしで、通常の法廷の時にそれを言ったんだから。それ以前に弁護側から、迅速な裁判を受ける権利があるという主張はしてるけどね。

——それを裁判所が採用したということですか。

それですぐに記者会見。1970年代初めだと、最高裁もまだそんなには悪くなってない時代。悪くなったのは石田和外が長官になってからだから。

——毎日午前様だったそうですね。

打ち合わせだけでもずいぶん遅くなって、晩御飯も食べずにやって、帰ってくると午前2時。それから打ち合わせを整理しないといけないし、明日の尋問どうするかとか。それで4時に寝て、起きるのは朝6時。ボクは不器用だし、やることが遅いから、人一倍時間がかかるんだ。丁寧すぎると言われたけど、これは生まれつきの性分で、いつまで経っても直らない。すべての時間を仕事に注入して、家事や育児は女房に任せっぱなしだった。これもボクの弱点だし、反省点だね。

——新人弁護士の時代に、高田事件で最高裁判決を取っちゃった。この後何をすればいいんだろうとか、思わなかったですか?

当時はいろんな事件がたくさんあって、そんな喪失感を抱いている暇なんかなかったよ。弾圧事件もあったし、労働事件もひどかったし、公害もずっと関わっていて、それが全部並行してるわけだからね。

四日市公害訴訟

——四日市公害には、どういう立場で関わられたんですか。

この地域としては四日市が公害問題の最初だけど、関心を持った野呂さんとか郷さんといった弁護士が現地で調査を行っていた。四日市公害は1967(昭和42)年の提訴だから、ボクはまだ修習生。修習生のときから青法協活動の一環で、提訴前から四日市の現地調査や被害者のヒヤリングなどに参加してた。野呂汎さんが弁護団事務局長です。第1回の法廷もまだ修習生だった。それで、1968年（昭和43）に弁護士になってすぐ弁護団に加えてもらいました。その頃、民主主義科学者協会法律部会（略称・民科）にも入りました。学者との距離が近かったんですね。

当時は公害対策はゼロに等しかった。四日市コンビナートができて、そこでの排煙がすごくて、高い煙突がいっぱいあって、そばを通るとそこから黒い煙がどんどん降ってくるような状況だった。原油の精製過程で、原油の中にある硫黄化合物が出るからね。被害としては喘息が一番、気管支がやられて、命に関わる問題。硫黄化合物の粒子が大きいので、はじめはそれを中心に対策が取られるようになったけど、次は窒素化合物が問題。目に見えないものがずっと続いてるという状況だね。

津地方裁判所の四日市支部で、青法協の林光佑さんとかも弁護団に入って、訴訟にも関わるようになった。当時は損害賠償請求で、差し止め請求なんて状況にはなくて、一審の判決は損害賠償請求が認められた。当初は環境庁はなかったけど、亜硫酸ガスとか窒素酸化物の国の規制値なんかを設けるという形で、行政も具体的な対策を取るようになった。

一審判決はもちろん住民が勝訴したけど、その後、住民側とコンビナート企業とが判決後協議をして和解解決をした。その中で、公害の発生源の対策を盛り込んだ和解協定を締結したという経過です。和解以降に協議もして、立ち入り検査をやって、一定の時間はかかってるけど、その後に特別に問題が起きたということはほとんどなかったですね。

――法廷の写真も残ってますね。

マスコミが写真を撮ることには緩やかだったんだね。裁判所もある意味では前向きだったと言えるかも知れません。最高裁が１９６９（昭和44）年に庁舎管理規程を新設してから厳しくなったけどね。

四日市公害は他の公害事件と違い、国は相手にせず企業だけ。企業６社の共同不法行為として提訴してる。

――因果関係の点が新たな争点になった事件ですね。どういう準備をされたのか、また、住民とどれぐらい議論されたのか。もともとは社会党の議員さんが野呂先生のところへ持ち込んだということもあるようですが。

野呂さんは三重県の出身で、最初は三重弁護士会で登録して名古屋へ来られた。そういう意味では地元とのつながりがあった。野呂さんのところへ来て、愛知の弁護士を中心に弁護団を組んだんだ。塩浜地区が中心でした。コンビナートの地域に対する影響力が強い中で、原告になるというのは相当な決意が必要で、９人ぐらいの原告でコンビナート企業を相手にやったんだね。

――一審は因果関係を緩やかに認めたということですね。疫学的因果関係というのは？

直接の因果関係はわからないけれども、その地域に集中して被害が多いとか、疫学調査に基づいて因果関係を認めたということです。いくつか企業がある中で、一つひとつの企業の煙がどれだけ来ているのかといった因果関係は立証できないけれども、それでも認めたというのは初めてのことで、かなり画期的なんですね。

提訴はイタイイタイ病が先で１９７１年、そのあと四日市。四日市も疫学的因果関係ではかなり早いほうですよね。三重大学医学部の吉田克己さんが頑張られた。医師の協力はほんとうに大きかった。イタイイタイ病は加害企業が繋がって特定されるけど、四日市はコンビナートということで企業が集中されてきたから。

――当時、高度経済成長のなかで、公害問題なんか考えずにどんどん産業を発展させようという風潮があったんですね。今考えると国や自治体の責任もあると思うけど、当時は国や自治体の責任を問うのは不可能に近いものだったんでしょうね。

そうそう。四日市とか川崎とか、ああいうところに企業を集中させて企業群を作るという政策があった。当初は四日市市がコンビナートを誘致したんだから、自治体の責任も当然ある。

――その後、四日市の市長になるのはコンビナート出身の人ばかりですもんね。この地域ではそういう力を持ってるんだ。裁判官は、米本清さん。いい裁判官だったんですね。

そういう感じだったね。名古屋の弁護士の乾てい子さんのお父さんだけど。

――裁判の資料を見ると、最初の勉強会が1966（昭和41）年8月6日に開かれてる。裁判の提訴が翌年の9月1日。勉強会開始から1年で提訴してる。こんな事件を1年でって、すごいなあって思います。

当時は理論なんて確立されてないから手探りでやるしかない。原告を特定するのも大変で、原告になる人も相当な決意がないとね。やっぱり地域の産業を相手にするということだから、野呂さんたちがいろんなルートを持ってて、被害を訴えている人と接触をして、原告は9人という限られたところからスタートしたんだ。年表を見ると、9月1日に提訴して、11月30日には四日市公害訴訟を支援する会発足と書いてある。この2か月にいろいろあって、当時は地区労も支援してたし、地元自治体も前向きだったたし。市長は革新派ではなかったと思うけど、われわれもよく市へ要請に行きました。どこまで具体的に企業に話しているかはわかりませんが、あれだけの公害を出しているという受け止めはあった。

——四日市公害訴訟を記録する会の沢井余志郎さんの存在も。

そう。ずーっと記録されていて、たいした人だね。当事者じゃないけど当事者みたいにずっと一緒にやっておられた。

——判決後、原告以外の患者の救済などはどのように。

和解をした後、法律化もさせるわけですね。訴訟をきっかけに、大気汚染公害防止法を作って、一定基準を満たしたら患者として認定するという制度づくりまでいった。制度を作るにあたって、訴訟だけじゃなくて、同時に住民に働きかけたり自治体に働きかけたり。勝訴したという力は大きいよ。

当時、企業のやってることは極めて問題だった。環境問題対策なんかゼロだから。それに対して国も自治体も基準を作るようになって、企業の方もかなり改善してきたということですね。国が環境基準を作ったけど、もちろん問題が全面的に解決したわけじゃない。

公害弁連の結成

――同じ年に新潟水俣病が提訴し、イタイイタイ病と熊本の水俣病、そして四日市。四大公害訴訟の時代です。他の公害訴訟の弁護団・原告団とは連絡を取りあっていたんですか。

緊密な連絡を取って、それがだんだん全国の公害関係の住民運動の全国組織になって、四日市公害訴訟が終わった頃に全国公害弁護団連絡会議（公害弁連）が結成された。四大公害訴訟がベースになって、各地の公害の運動体が加わってくる。その後、国が環境週間を作るときには国との協議も行いました。

公害弁連は、大気汚染公害、道路公害、基地騒音裁判、廃棄物問題、海・川問題、水俣問題などなど、ものすごく広い。個別企業だけでは金を払って終わってしまうから、公害問題を本当に解決しようと思うと、そういう全国組織がきちんとできたというのは大きな力になるよね。

――公害弁連というのは、他の弁護団と違って制度を作らせたり法制化させたり、そういうことを意識してやっておられる弁護団のように思います。

そのために、議論もよくするね。加害企業だけじゃなくて、環境庁・環境省、その前は厚生省。

それだけじゃなくて、鉄道だったら鉄道を仕切る運輸省とか、そういうところとの協議をきめ細かにやったね。個別解決して企業の責任は問うても、日本全体のことは考えない、というのではない。そういう全体の連携が取れるような全国組織に、だんだんなっていくんだよね。公害の被害者、住民の団体がね。

——個人的関心から伺いますが、基地問題の訴訟は百里基地事件にしても恵庭事件、長沼事件にしても、いずれもその基地周辺の住民が提訴したけれど、公害ではないですね。憲法訴訟としてまともに9条論で争うってことですけど、あるときから騒音などの公害訴訟に変わる。横田基地の訴訟とか嘉手納の爆音訴訟とか、これは大阪空港の判決が影響してるんでしょうか？　公害として訴えるほうが勝ちやすいのではないかと弁護団で議論したんではないかと報告したことがあるんですが、どうなんでしょうか。

そういう判断はあり得ると思うね。大阪空港公害訴訟では空港騒音の問題を中心にやって、一定の成果を上げている。そこで、非常に特定の基地公害ということになると、本当は安全の問題とか当然基地だからあるけど、直接的な公害問題を全面に出すという形でやっていくという、そういうことが前面に出て来たのかも知れないね。

政治ストは是か非か——全港湾事件

——当時は公害だけではなく、労働事件にも数多くかかわっておられますね。

大きな労働事件としては、一つは全港湾の全検分会事件。全日本検数協会の解雇事件ですね。ボクが弁護士になったときには事件は始まっていて、1968年10月に一審判決が出るんです。当時、大きな社会的な問題として日韓条約の締結問題がありました。国側の説明は日本と韓国の友好条約だということなんだけど、国民や労組などは、日韓条約はいわば戦争協定だと捉えていた。当時、朝鮮半島では朝鮮戦争の経過も踏まえて38度線をめぐって北朝鮮（朝鮮民主主義人民共和国）と韓国との間で非常に多くの問題が起こっていた。そういうところで、韓国と日本が日韓条約を締結するというのは、言ってみれば日本がそれを軍事的に支援をするという実質的な内容を持つものだというのが多くの国民側の見方でした。

全港湾労働組合は、港で働く船舶に乗って行き来するという仕事をする職場の組合です。日韓でそういう軍事条約を結べば、港で働く労働者に対する軍事的な影響がある。それに参加させられるということは極めて深刻な問題だから、全国の全港湾は日韓条約の批准に反対する24時間ストやデモ行進を何度も行うなど、大きな運動をやったんだ。

名古屋では全港湾名古屋支部、中でも港の全体の幹事役である全日本検数協会（全検）分会が日韓条約批准に対して大きな反対運動をしている。直接問題になったのは、全日本検数協会の名古屋の事業所に働いている人たちと全港湾名古屋支部が日韓条約批准反対の集会やデモに時間外労働を拒否して参加をしたということでした。全日本検数協会名古屋支部は、時間外労働は協定も締結されており、会社が時間外労働を指示すれば就労義務があると、それを拒否してデモや集会に参加をしたというのは業務命令に反するということで、渡辺三千夫さんを中心に組合の役員を８人全員解雇したわけ。

その解雇無効の訴訟が、ボクが弁護士になる前からあって、これが弁護士になって最初に参加した労働事件だった。組合は、時間外労働を指示されてもストライキ権の権利行使として、時間外労働を拒否して集会やデモに参加しても、組合が時間外を拒否することを決め、会社にもきちんと通告して参加したんだから、これは組合の権利である団体行動権なんだ、それを理由に解雇するのは解雇権の乱用で無効だという主張をしたわけね。そこでクビを切られたのが全港湾名古屋支部の役員全部ということだから、これは明らかに組合に対する攻撃だという申立てをしたわけ。

それに対して雇い主の方は、この残業拒否は当日行われる日韓条約批准反対の集会デモ行進に参加する目的で行ったと。日韓条約批准というのは政治的な問題であり、雇用問題ではない。政治目的のストライキは、労働組合の認められた団体行動権の枠を超えた違法なものだ、政治目的の違法なストライキを指導した組合役員を解雇するというのは正当だと主張したんだね。

――1968年10月、一審判決で政治スト違法という判決が出るんですね。

西川力一裁判長、裁判官に鬼頭史郎。後々民事一部が非常に問題があったと言われる構成で、日韓条約反対の行動は政治目的の団体行動だから違法であるということで役員の解雇を認めたという、ボクが弁護士になって関与した一番大きな事件、一番問題になった事件ということだね。

――控訴して、控訴審で争われたんですね。

控訴審判決でも、政治目的のストライキの合法性ということで、職場に全く関係のない政治問題じゃないというのがこちらの大きな主張だったんだけど、それは判決の中には入れられなかった。そこで、最高裁に上告し、最高裁係属中に和解したかな。相手の代理人の中心は高橋正蔵弁護士でした。組合の方は解雇された人の一部は退職する、一部は残すという、和解解決で終わったんだけどね。

――日韓条約批准反対を掲げて闘ったという時代背景がありますね。

当時、どうしてこの問題が大きな社会問題になっていたか、日韓条約反対がどういう意味を持っていたか。北朝鮮と韓国の関係について、今の人たちが見ている韓国や北朝鮮を前提にすると、全然わからない話になる。

当時は、むしろ韓国が軍事独裁政権と言われていて、きわめて独裁的な力で人民を押さえつけるという大変ひどい体制をとっていた。軍事的にはアメリカ軍が韓国にも駐留し、韓国軍も平時も有事も指揮権をアメリカに握られている状況。非常に軍事的な色彩の強い、人権なんかほとんどないような国だった。だから、その韓国とだけ条約を結んで国交をするというのはおかしいという国民の意識があって、反対運動が盛り上がった。今は北朝鮮に対する評価がシビアだけど、当時はそうではなくて、38度線を越えて南が北に入ったとか、北と南の国境で紛争が繰り返し行われていても、われわれは北朝鮮の方が正当だという理解をしてたんだ。もともと朝鮮の人たちが戦後解放されたときに自分たちで政権を作ろう、独立国家を作ろうといって選んだのが実は北朝鮮国家で、それを認めないといってアメリカが違う国家、分裂国家を作らせたというのが韓国の成り立ちで、どう見たって本来は北朝鮮が正当国家だという認識に立ってたわけ。

ただ、北のソ連、南のアメリカという米ソ対立、中国も北の方に絡んでるけど、米ソの対立が大きな背景にあった。朝鮮半島の南と北という問題に、もっと大きな問題として社会主義体制と資本主義体制の対立があった。そういう中で、結局北と南と線を引かれて、南は引き続きアメリカの占領下に置かれ、北は実質的にソ連の支配下に置かれるという、そこがまさに対立点になってた。

――そういう時代背景の中で起きた事件なんですね。労弁になって取り組んだ最初の事件として、どういう感想を持たれたんですか。

裁判所というのは政治的な問題が絡むと非常に弱いなということ。しかも日韓条約批准というのは国策だからね。司法の独立は非常に大切なものだと考えて司法の世界に入ったんだけど、結局は立法や行政に頭が上がらんなということを最初に強く感じたね。

――港で働く労働者が反対したのは、武器を運んだりするような軍事的行動に参加させられるといった具体性のある問題だったのか、それだけじゃなくて社会主義をはじめとする思想的なこともあって労働者が立ち上がったのか。

社会的には両方あるね。韓国とか北朝鮮の戦艦、軍艦が領海内に立ち入ってくるかもしれない、といったこととかね。

就労請求を認めさせたレストランスイス事件

――全港湾事件に代表されるような集団的労働事件が数多くあるなかで、個別的労働事件の重要な

――一つとして、就労請求権を認めるという画期的な判決を取られたレストランスイス事件がありますね。

名前はスイスだけど、スイス料理ではなく洋食のレストランでした。今はもうありません。石川橋の近くだったか、とんがり屋根の建物は残っているんじゃないかな。

事件の本人・大江金男くんは、レストランスイスでコックという専門的な仕事をしてたんだけど、雇い主が出向の業務命令を出したんです。それも、今までやっていた専門職としてのコックの仕事ではなくて、関連企業の営業職に出向させるというものでした。本人は、自分はコックとして、専門職として雇用契約を結んでここに勤務してるんで、まったく違う職種に出向させるというのは契約違反だということで争ったところ、業務命令違反で解雇されたという事件です。大江くんは全商業労働組合に相談して、花田啓一弁護士に相談がきた。それで当時花田弁護士の仕事を手伝ってたボクと、ボクより2期後輩で花田事務所に入った長屋誠弁護士と、3人で担当したんです。

会社側の主張は、雇い主として関連会社に出向を命じる業務命令を出す権限があり、それに従わないのは業務命令違反ということで解雇したというものです。こちらは、コック、料理人、専門職として雇用契約を結んで雇われているのだから、レストランスイスの中ではなく他社に出向させて専門的な業務以外の職種に就かせるということは業務命令の範囲を超えている、ということで争いました。

この事件で法的に重要なのは就労請求権です。一審判決は就労請求権を認めてるんだけど、「被申請人は申請人が構内に立ち入り就労するのを妨害してはならない」と、会社に就労義務を課している。

当時、解雇事件で解雇される、解雇された人が解雇無効の訴訟を起こす、裁判所が解雇無効を認める、労働者は解雇無効だから職場に入れろと言う、会社はそれを拒否する、会社は裁判所に命じられたから賃金を払う義務があるから賃金は裁判所に命じられた金額を払う、けれど、就労させるかどうかは雇い主の判断の問題だとして就労させない。雇い主に就労させる義務はなく裁量の問題だということで、就労させない。そのため就労請求をすることになる。ただ、元の職場に戻せという請求をした事案はあるんだけど、大抵は認められなかった。雇い主の裁量だということでね。就労を求める請求もあったけど、裁判所が認めたのはボクが知ってる限り1件だけだね。

今は訴状の中で就労義務を請求するなんてまず見ないけど、当時はそうやって裁判所が解雇無効を認めても中へ入れずに雇い主が外へほっぽり出しておくという事案が、労働者の側で非常に問題になっていたんです。

そういう中で、彼はコックとしての仕事をする上で、そこからはじき出されたんでは大変困るということで、就労請求をすることになった。労働契約上の権利を請求するのと併せて就労義務を認めさせるという請求をしたんです。裁判所はそれを認めてくれて、一般的な意味で「会社は労働者に就労させるという義務がある」ということじゃないんだけど、コックという特別な職業は、業務をやっていく中でコックとしての能力を向上させるという利益がある。それも労働者の一つの法的な利益と評価できるということで、就労請求を認めたんです。全国でも極めてまれ、名古屋の裁判所では初めての例だと思います。

――これは仮処分ですか。

仮処分事件です。判決が1970（昭和45）年9月7日。判決という形になってるのは、当時は仮処分事件でも本訴とほとんど同じように審理したんですよね。普通は本訴と同じようにやらないけど、労働事件は大体仮処分申請という形でやっていた。解雇事件については、保全の必要性は当然認められるということで、本案訴訟ではなくて地位保全の仮処分事件ということで、法廷で弁論やって。決定ではなく判決という形で出るわけ。申立てをして判決を取るほうが手続きとしては適切だという、それが一般的な当時の労働事件の発想だったね。今の解雇禁止の仮処分も含めて、仮処分の手続きで解雇事件は殆ど終わるという、そういう認識でした。本案訴訟じゃなくてね。その代わり、仮処分事件も公開法廷でやる。審尋じゃなくて公判開いて尋問やって、そういうのが多いです。

当時はほとんど仮処分で、二重に同じことをやるんだから、仮処分で勝ったらあとは勝つんだと思ってた。仮処分中心でやってたのに、本案中心に変わっていったのは、仮処分手続きが本案化して結局変わらんじゃないかという、仮処分はもっと軽易なもので書面審理だけにすべきだという議論が出てきた。僕らから言うと形骸化していくわけ。仮処分手続きが形骸化していく中で、本案は本案で法廷でちゃんとやるということなんで、必ずしもよかったと言えないところはあるけど。変わったのは、ちょうど民事保全法ができる前ですね。

どんな事件もということではないけど、労働事件のような特殊な事件で、審理の進行は本案と同じような進行でやるわけで、ボクたちはそれが当たり前みたいに受け入れてやってた。但し、仮処分決定が出るまでに時間はかかりましたよ。法廷で尋問までするんだから、本案並みにかかってたね。今のあり方のほうがもともとの趣旨に合ってるという意見もあった。ただ、労働事件についてそういう形が現実には取り入れられていたということで、一般化してたわけじゃない。

——労働事件では、解雇されたときに保全の必要性があるのは当たり前で、あえて保全の必要性の議論をするとか疎明なんかしなかったですよね。

そう。賃金で生活している者が賃金を止められたら生活できない、という1行ぐらい、それで終わり。今だとけっこう理由を書かないといけない。それは、基本的には会社側の巻き返しなんです。要件として保全の必要性もきちんと議論せんといかんという、東京地裁の所長だった裁判官・沖野威が論文「労働事件における本案訴訟と仮処分との役割」を書いてから、それが拡がった。これも大きな問題なんだけど。

議論の流れを見ていくと、その時代に反動的な動きが出てきて、それに対抗するようなこちらの動きがあって、それで変わっていくんだということが、長くやってるとわかります。「この事件だけ」ということから見てしまうと、長らくあったことをまったく無視して、これが当たり前、これしか動かないという。それは、われわれからすると非常に違和感があるけど、裁判官の感覚もどんどんそうなってきちゃってるからね。

――レストランスイス事件、勝った先例がないときに、就労請求をやろうという、何か見通しがあったんですか。

それは何とも言えないね。ただ、本人が職場から排除されるということは、コックとしての将来に影響が大きいという要求がある。

もう一つは、解雇無効が認められても就労妨害、職場に入れないということが、当時の労働事件の大きな問題だったこと。会社の義務は賃金を払うことで、会社は働かなくていいと言ってるんだから義務違反じゃないというように、裁判で解雇無効が認められ賃金は払われるが職場に入れない。多くの事件が、判決で認めた賃金を払うだけだったから、次の年には賃金の昇級を認めさせる仮処分申請をする。これを毎年のようにやっていた。そういう状態が続くと、職場に立ち入ることができないから、例えば労働組合の役員をやっていても職場での活動ができないので、結局は職場との関係が薄れていく。そうした状況が長く続けば、実際職場にいることができなくなってしまうという社会的状況があった。つまり、職場に戻させるということが、当時の労働組合の大きな課題だった。

そういう中で、これはどうしたらいいかと考えて、特に彼の場合はコックだから、その仕事から外されるとコックとしての腕は上がらない、コックを続けることができなくなる。そこで、職場に戻させるにはどうしたらいいかと、本人からの問題提起もあって、これを入れようということになった。

――裁判の途中、手応えのようなものはありましたか。それより難しさを感じていたんでしょうか。

法的にはなかなか難しいね。けれど、本人にとってみればそれは当たり前じゃないかと。解雇が無効になって、なんで職場に戻れないんだということなんだよね。裁判所の判断も、どんな場合でも認めるということじゃないんだ。特殊な仕事で実際職場に戻ってその仕事を続けることが重要であって、それをやらないとその職業から遠ざかってしまうという、そういうケースについて例外的に就労請求権を認めるという判断。基本的には会社の義務は賃金支払をすればいいということなんだけど、就労請求を認めるのはそういう特別な職種だからという前提になってる。

――担当裁判官は、合議ですか。

合議です。松本武裁判長だった。

――裁判の中で、コックが仕事に就いてない時期が長いと影響を受けるという主張をしたんですか。

解雇が無効だったら職場に入れるのが当たり前じゃないか、というのがボクたちの代理人の発想だからね。あんまり限定的にはやってない。そういう利益の問題も主張の中では出してるけど、例外的に就労請求が認められるという発想に立ってるわけではもちろんない。学者の意見書を出す、といったこともやっていないと思う。

――就労請求権を認める判決が出た後、実際に職場に復帰された。職場の人たちは受け入れたんでしょうか。強制執行はできないですよね。

間接強制ですね。

――今は就労請求もしないでしょう。

そうなんですよ。あきらめちゃうんだね。

学説上はレストランスイスについて非常に好意的なことを書いているし、教科書にも載ってるけど、キャリア権の発想が出てきて、ちょっと状況が変わってきたんじゃないかな。まさにコックさんも、単純に技能保持するというよりは、日々の業務の積み重ねでコックとしてのキャリアを形成していく利益を観念していたとも言えると思う。そうすると、今のキャリア権的な発想にもつながっていくような気がするんだが。

――これは組合差別や嫌がらせではなく、純然たる出向目的だったんですか。総合職、一般職と、いろんなところを回らせるのが昔の一つの型だったのか。

最初はそう。その後、全商業労組がサポートしてくれるようになった。他にも、コックで入って営業に出向させられ、それが嫌でやめる人もいたと思いますね。

機動隊と対峙した愛木労事件

ボクが全港湾の次に関わった集団的労働問題が、愛知県木材産業労働組合（愛木労）事件です。

歴史的には、徳川時代から尾張藩の御用林があって、そこから木材を切り出して、いかだみたいに組んで川に流して、ここらで言うと堀川や中川運河に流してくる。それを、加工する業者が自分の会社に取り入れて材木にするわけ。合板や化粧板も木材産業の一環として作られる。当時は高度成長の時代ですから、住宅がたくさん必要になったり、木材を使った製品がいっぱい作られたりというように、たいへん繁栄したんです。愛知の木材産業というのは非常に大きくて、企業もたくさんある。労働組合も活発でした。

地元で言うと、東洋プライウッド、その木材を使う東洋楽器という関連会社。そして、豊橋、東三河に本社のある朝日木工株式会社で、ボクが弁護士になった翌年1969（昭和44）年に大きな争議が起きました。労働組合が行ったストライキは違法なストライキであるということを主な理由に労働組合の役員を全員解雇したという事件です。この東洋プライウッドの解雇撤回事件は9年やって職場復帰。それぐらい時間がかかるのは普通で、中電事件だって22年やってたからね。

――違法と言われたストライキは、賃上げとか労働条件の改善を求めるものですか。全港湾の事件の政治ストのように、ストライキそのものの性質が問われるものだったんですか。

どちらも通常の労働組合が行うストライキでした。ただ、使用者側が非常に強硬で、労働組合と誠実に団体交渉を行うという姿勢がまったくなかった。組合が賃上げを要求しても、会社側が一方的に程度の低い案をポンと出してきて、それでごり押しする。組合と団体交渉を重ねることも一切なしで、極めて一方的な姿勢の経営だった。愛知県は木材産業が非常に盛んで、木材産業の経営者グループも緊密な連絡を取り合っている。そういう中で発生した大きな争議という事情があると思う。

——事件の背景を聞かせてください。

当時木材産業は、企業も愛知が中心だったんだけど、労働組合も愛知では非常に活発だった。全国木材産業労働組合連合会という全国組織もあるんだけど、愛知には愛知県木材産業労働組合という組合があって、それぞれ下に東洋プライウッド労働組合とか朝日木工労働組合とかがある。労働組合の組織率は非常に高かった。そういう中で会社側が労働組合の弱体化を狙って攻撃をかけてきたということです。

会社側のやったことは、第二組合作りです。そのために、第一組合を攻撃する大きな手段として、第一組合の幹部を懲戒解雇する。最初に起きたのは東洋プライウッド株式会社（東プラ）の事件だけど、労働組合が労働条件の改善や賃金引き上げの要求を実現するために行ったストライキに対して、そのストライキは違法であるという理由を付けて会社側が組合の幹部全員を解雇したというものです。朝日木工もほぼ同じ手法で解雇してきた。木材産業の企業が予め協議をしてそういう攻撃をかけてきたということですね。

――そのストライキはどういう点で違法だというんですか。

今ではストライキはほとんどないけど、春闘要求を出してそれを実現するために時限ストをやるとか、あるいは24時間ストをやるというのは、けっこう頻繁に行われていました。それを繰り返し、なかには組合の要求が実現しない限りは無期限ストライキをやるということが当時はあった。そういう状況下で、組合のストライキが本来の労働権行使の枠を超えた違法なストライキであるという。権利の乱用だということですね。団体行動権を乱用したんだと。

その中には、単純な労働条件のことだけじゃなくて、いろんな事実関係はあるんです。東プラで言うと、東プラが九州に新しい工場を作ったんですが、その新しい工場には最初から新しい労働組合を事実上会社が作っていた。そういう情報も流れてきていましたから、それをめぐる要求も組合は出していた。そのことが不当労働行為であるということで大きな争いになりました。

そういうようにして、会社側が労働組合を弱体化させるため、あるいは組織をなくすために、大きな攻撃をかけてきている中で解雇問題にまで発展して大きな労働事件になったのが、この地方では東プラと朝日木工でした。

――1969年に名古屋地裁で、東洋プライウッドの立入り妨害禁止事件の判決があって、組合事務所のまわりを会社が板塀で囲んだとあります。

会社は組合員が就労するために会社に入ろうとすると、第二組合員だけ入れて第一組合員は中へ入れないということを頻繁に行った。そういうとき、ボクは現場へ行って会社と交渉したり、会社の中にある組合事務所へ行ったりしてた。第一組合の方は、非組合員や第二組合の組合員が会社の門を入るのをピケ張って阻止しようとするわけ。そしたら会社の方が警察を呼ぶ。そして、機動隊が来てピケを排除しようとする。ボクも立ち会って警察と喧嘩する。そのうちに、喧嘩太郎って言われるようになったのかなあ。

――事件に警察が介入するということに、違和感があるんですが。

当時は当たり前の感じがしてましたよ。労働組合ともみ合ってるところに会社の要請で出てきて、介入して組合を弾圧する。

今は、そもそもピケ張ってやるようなストライキがない。今の労働法の判例水準でも、説得によるピケッティングは合法だけれども、実際にスクラム組んだりして事実上排斥したらダメだと言われてる。そうすると、説得してるだけだと言ってもスクラム組んでるというので、たぶん威力業務妨害か何かでやってくる。東プラは熱田区にあって、ボクの家からそんなに遠くないもんだから、朝早くから行って、ピケの中に入ってた。従業員の出入口のところで組合がピケ張ってて、入ってくる方も集団で来て実力でピケを破ろうとするわけ。最終的に、会社側が熱田警察の機動隊を呼んでピケを排除する。争議の現場って、そういうことが多かったんですよ。

——警察とのやりとりは、法律論とか法解釈論でやるんですか。それとも正当な活動をしてるのになんだという、そういう勢いでやるんですか。

喧嘩です。まあ、安ちゃん（安藤巌）や（伊藤）泰方さんあたりが、いろいろと教えてくれたと思うけどね。でも、現場では喧嘩だから。

ボクの知る限りでは、ピケ張ってるのを向こうが実力で排除するということで、一時的に逮捕されたこともあったかも知れない。だけど、それが刑事事件になるというようなことまではありません。そういうことが頻繁に繰り返されてたんです。昔は、労働問題を契機にして刑事事件になることがあるぐらい激しかったんだよ。

——時限ストとか24時間ストとか、違法って言えるんですか。

スト権の乱用に当たるという組み立てだね。こちらはもちろん正当な要求に基づくスト権行使だと言うんだけれど。

東プラの九州の工場建設反対要求は、労働条件の問題ではなくて経営権の問題だと。それを要求に掲げたことと、しかもその手法が無期限であったり使用者側に打撃が大きいということ。当時はスト権に対して、どういうふうに対抗し、スト権を規制しようかという動きがいっぱいあったんです。今はストライキがないから問題にならないんだけど。

――それを、1年目の弁護士がやっていた。普通は行ってこいと言われても、そんなことできませんよね。勘弁して下さいとなるけど。

今日、これがあるから行ってこいと言われてボクは行くんだ。もちろん、全然経験がないこと、初めてのことばかりだよ。

ただ、先輩弁護士に言われたことをやるだけじゃなかった。法廷では、ボクは下っ端だから代理人席の一番後ろに座ってる。だけど、会社側の代理人の尋問に「異議あり！」って大声を出すのはいつもボク。今度来た若いのは威勢がいいねって、書記官室では噂されてたらしい。

――愛知労働問題研究所の所報を見ると、愛木労関係では湯浅貿易、浅井プライウッド、石川合板、中村合板、名古屋プライウッドと、事件がいっぱいあったようですね。所報の伊藤欽二さんの文章には指名解雇という言葉も出てくる。

整理解雇の中で、基本的には希望退職を募集する。その後で、募集に応じないという理由で指名して解雇してするのを指名解雇というんです。

——オイルショックが1973（昭和48）年。それまでずっと右肩上がりできた高度成長時代が転機を迎える時代ですね。こういう中で木材産業労働組合も合理化だ、経営不振だと人員の整理に入るとか。そんな背景はあったんでしょうか。

合理化の動きはかなりあったね。まあ、他でも動きはあったと思うけど、ここまで大きい争議になったのは主に愛知県ですね。三重県や九州のほうでも木材産業の争議が多いというのが問題になったというふうに覚えてます。

——整理解雇法理はどのように形成されてきたのかですが、実際に当時、整理解雇事件を争ってこられた先生は、どんな感じを持っていますか。

オイルショックを機に合理化が進んで、人員削減が大量に出てくるのに対抗的な法理として整理解雇要件、四要件が出されてきたと。ボクはその要件は合理的だと思ってないけど、それが一定の前提になってその後の整理解雇の有効性が判断されるようになってきてると思う。ただ、四角い要件論じゃなくて、個別にも合理性をめぐって判断があり、そういう長い判例の流れがあって、そのなかで整理されたというのが正しいんでしょうね。

労働運動弾圧の時代背景

――1960年代後半から1970年代初めにかけて、多くの労働事件が起きている。それは、以前からあったことなのか、この時期に急激に労働組合と資本との対立関係が激化したのか。一方では、この時期に盛り上がったのが、その後一気に下火になるという面もあります。こうした時代背景についてお聞きしたいんですが。

労働事件そのものはもちろん以前からあるんだけど、この時期に集中しているということは確かに言えるね。当時は、総評が組織率も高く、全体の労働組合運動を積極的に進めていたという社会情勢がある。そういう中で経営側は国の政治とも結びつけて、全国的に労働組合の組織を弱体化させることに乗り出した。総評、ある意味では闘う労働組合を切り替えさせるというか、変質させ、連合を作るという流れに繋がる動きが、資本の全国組織の側で意識的に強力に出される時代。それが各地で具体的な労働問題として引き起こされるという当時の時代背景があると思います。

――政治と結びついてというのは、60年安保とか70年安保。

それも一つの背景としてあると思いますね。『沈まぬ太陽』のような、この地域では中電の思想差別という大争議が起きるんですけど、そこでは明確に公安警察と大企業の労務とが情報交換していて、公安警察の資料が会社に提供されている。裁判の証拠にも提出していますが、その中で、70年安保を前にして共産党員や共産党の同調者が秩序を乱すような行動を大変活発にやっている、それは政治的にも危機的な状況だから、まずそれをやっつけなければいかんと。日本全体の電力なら電力の経営者が一緒になって、同じような対策をとっていく。それが、権力と企業とが一体になった思想差別に基づく弾圧。安保改定を背景に、この時期にレッドパージ的なものが出てきたわけです。

——職場における労働運動が非常に活発で、若者たちが積極的に運動していることに、権力側が危機感を抱いた。

そうだと思います。当時、この労働運動が進んでいけば世の中はもっとよくなるという、それだけの力を感じさせる運動や行動がありました。そこに展望を持ってボクは労働弁護士になった。そういう状況に対して非常に大きな危機感を持った資本側が、そうした労働組合の力を弱めることを方針として、公安警察とも密接に連絡をとって、いろいろな手立てを講じてきたわけですね。

——そのとき若者たちがやってたのは、ストライキやデモばかりじゃなくて、仲間づくりやサークル活動でした。名演（名古屋演劇鑑賞会）や労音（勤労者音楽協議会）みたいな文化活動のなかで仲間を増やしていく。それはまさに合法的なことなんだけど、その勢力が広がると将来が危うくなるという危機感を募らせて、どうやってつぶそうかということをつぶさに検討して、謀議をこらして攻撃し壊滅させる。そうした文書が残されていて、中電の裁判では証拠として出してるんですけど、全国各地で、階級闘争の中で労働側が力をつけているという空気を、権力側が感じていた。

このままでは自分たちの展望が失われるということから、非常に強力な全国ネットでやってきた。一方、ボクたちも展望を持ってやっていた。それに対して向こうは危機感を持って攻撃を組み立ててきたと。そういう状況だね。

ボクが担当した中に、竹本油脂の森山文一郎くんの解雇事件があるんだけど、彼は会社に対して何をやったわけでもなく、ただ労音活動を一生懸命やってただけなんだ。なのに意味のない配転命令を出してきて、それを拒否したらクビになった。この地方で労音活動を理由に解雇された例としては、尾州紡績の交告多恵子さんもそう。彼女が活動を始めた動機は、音楽が好きで、いい音楽を安くみんなで聞きたいというだけだったんだけどね。裁判では両方とも勝ちました。あとで出てくる大隈鉄工の酒井光三さんは名演の活動家でした。

――「連合」が作られるという労働運動の再編の問題もありますね。

労働戦線統一の問題、労働委員会の労働者委員の選任問題というのは、それに関連する問題なんです。

総評は闘う組合だと、みなさん思っておられるけど、もともと戦後すぐの闘う労働組合としてあった産別（全日本産業別労働組合会議）が戦闘的すぎるからと、産別をつぶすために総評という右寄りの組織を作ったんです。これを中から変質させた。「ニワトリからアヒルへ」と言われるように変わったんです。右で作ったはずなのに、いつの間にか左に変わってた。だから危機感を抱くわけですよ。せっかく作った右寄りの組織が左に変わっちゃって、むしろ戦闘的になってきた。どう切り崩そうかということで、総評の中の、民間大経営の中に右翼的なインフォーマルグループを作り、労働組合を民主化すると称して右寄りに変質させていく。そこから民間企業を中心に同盟（全日本労働総同盟）という労使協調主義的な労働組合ができてくるわけ。その同盟を母体に将来的に連合に繋がるような動きが大きくなる。こういう日本の戦後労働運動の流れがあります。当時の局面としては、総評が非常に戦闘的に闘ってたんだけど、その後に総評を解体し、左派を排除して連合へという労線統一の問題が出てくるんです。

――政治的には、各地に革新自治体が起こってきますよね。

1971年に新村猛さんが革新統一の無所属で愛知県知事選に出て、僅差で敗北したけど名古屋市内では圧勝。それを背景に1973年に本山政雄さんが革新統一で名古屋市長選に勝利する。京都は前からあったけど、東京都知事、大阪府知事、名古屋は市長、太平洋ベルト地帯を革新自治体で結ぶという状況が生まれたわけで、だからこそ、近い時期に日本は変わるんじゃないかとみんな本気で思ったわけだ。そういう時代だったんですよ。

活動家集団排除の大隈鉄工、旭精機事件

――1972（昭和47）年から15年、1987年に解決した事件ですが、大隈鉄工、旭精機の事件にも関わられたんですよね。

そうです。中心は当時名古屋第一法律事務所にいた水野幹男弁護士だね。

旭精機は自衛隊の鉄砲の弾を作ってた。工作機械を製造する会社・大隈鉄工の弾薬部門を独立させて作った会社で、役員も一部共通、管理職も相互に移動していた。そういう繋がりのある会社で、同じ頃に同じような労働事件が起きます。経営側が労働組合丸ごとを攻撃するものではない。組合の活動家を狙い撃ちして、さまざまな攻撃をかけたのが旭精機事件で、大隈鉄工事件も似たようなケースです。この頃から組合丸ごとじゃなくて活動家を狙い撃ちする事件が出てきます。

——そうした戦略の変化の背景は。

１９７１年に新村選挙、１９７３年に本山革新市政誕生という時期なんですね。１９７２年頃は社会情勢もそんなに後ろ向きじゃなくて、公害問題だって積極的に取り組まれている。青年たちの運動も盛り上がって、組合内でも一定の勢力を持ち、影響力が拡大する可能性があるという危機感を経営側が募らせたとことが背景にあったんですね。役員選挙に出てかなりの票を取るとか、本来御用組合だった中に違う潮流が力を持ちつつある。これはヤバいというので狙い撃ちが始まった。

実際に、その前の段階で、民間の大企業の労働組合は右寄りになっちゃってた。そこを変えようと始まった青年たちの運動が邪魔だと。図式的に言うとそういう流れですね。一定の流れの中で労働組合が右寄り、御用化する中で、今度はそこの少数派活動家たちを狙い撃ちにするというように経営側が攻撃方法を変えてきたということですね。

——御用組合の中で活動する人たちは、なぜ頑張れたんでしょう。

政治的な盛り上がりだとか、労働運動に対する一定の思いだとか、そのへんが今と全然違うのね。当時は明るい未来が見えていた。これで日本は変わると、青年たちが正義感に燃えていた。学生運動でも、自分たちが世の中を変えていくと思ってた世代。１９６８年には世界的にも学生運動が展開されるんだけど、日本でもね。

——大隈鉄工と旭精機の事件に話を戻しましょう。これはどのような訴訟だったんですか。

どちらも解決は遅れましたが、判決が出ています。

まず、大隈鉄工事件では、吉川清さんの解雇事件。酒井光三さんが夜勤中に居眠りして機械に疵付けたことに関して責任を追及され解雇された、その解雇撤回闘争。同じ件で酒井さん個人が会社から1100万円の損害賠償を請求されたことも闘う。それに続いて後藤徹さんたち5人の活動家を狙い撃ちにして行われた指名解雇の撤回闘争。活動家を企業側が排除しようとした4つの事件がずっと続いていました。

吉川清さんは大卒の新入社員でした。吉川君が民青に加入していることを知った会社が、実習期間中に会社から追い出そうと、友人の失踪事件をでっちあげて、その責任を吉川君になすりつけて責め立て、民青に加入していることを示す資料をつきつけて退職届を書くことを強制した事件です。

その事件をきっかけに、酒井さんが夜勤中に居眠りをして高価な機械を疵付けたということで解雇されるという事件が起こります。これに対しては解雇禁止の仮処分をやりました。労働者が不注意でミスを起こすのは当たり前だという理論を立てて争った。

その後、1976年に指名解雇通告で後藤徹さんをはじめ69名の指名解雇が強行され、大隈争議団長の後藤徹さんら5人の原告も解雇されたんです。原告には野川紀男さん、長沢利政さんがいました。野川さんは後に野川紀夫というペンネームで後藤さんを主人公にした『時の轍』という小説を書きました。長沢さんは名古屋中民主商工会の事務局長をやっていたけど、早く亡くなられたね。

——吉川さんの事件は、自主的に退職届を出したのに、その退職届の受理の時期がいつかをめぐって判例になっている。酒井さんが機械に疵付けたというのも、本来、人間はミスを起こすものだという議論を弁護団が展開された。事故ミス論は、中電事件などで使わせてもらいました。これも大隈鉄工事件で主張されたものなんですね。

酒井さんの事件では、解雇事前差し止めの仮処分申請をやってます。事故に限らないんだけど、会社の対応として解雇される動きがかなり大きいというときに、解雇禁止の仮処分申請を行う例が東京中心にあり、名古屋でも裁判所が申請を認めてくれるケースがあった。そうなると、解雇事由として予測されるものを事前に裁判所は審査をすることになるんだけど、最近は見かけないね。

——地位保全の仮処分とは違う。

そう。予想のもとにやるんです。会社はこういうことを言ってくるであろうが、それはどうなのかということで、一定の動きがあることを前提に申立てをする。酒井さんの事件は高価な機械を疵付けたということがあるから、それを理由にして解雇してくるだろうということで申し立てる。今なら解雇の効力が発効してからやるけど、そうじゃなくて、解雇という言葉が出てくる前に差し止めをやる。そういう相談が本人から持ち込まれると、当時はそういうふうにしてたんだよね。

酒井さんの事件は、１９７４年２月に地裁で解雇禁止の仮処分が出て、さらに１９７７年10月に地位保全仮処分も獲得した。解雇禁止仮処分を取ったのが、当時としては非常に大きかったんです。全国的にも非常に少ないけど、名古屋ではなかったんです。

解雇禁止の仮処分申立は、議論はされてたけど、申し立てた事件はなかった。ボクも弁護士になって初めてでした。解雇されてから解雇無効とやるのではなくて、このケースは高価な機械を疵付けたことを会社側が大きく問題にしたため、きっと解雇になるだろうという状況だったので、解雇禁止の仮処分の申立てをした。ここがこの事件の重要なところでしたね。裁判所もそれを認めてくれた。今、差し止めの仮処分を申し立てたら、裁判所はまず特定性の問題、それから保全の必要性の問題というところで、いろいろ言ってくるんじゃないかな。

――大隈鉄工の４つの事件のなかで、最終的には後藤徹さんたちの指名解雇事件が本命でしたね。裁判長は松本武、相手側は佐治良三弁護士ですか。

そうですね。活動家の中心だった後藤徹さんが対抗馬として組合の役選に出て一定の支持を集めるような中で、狙い撃ちにされて解雇された。事件としては、簡単に勝てるような勝ち筋の事件ではない、難しい事件だった。旭精機も大隈鉄工も大きな企業だからねえ。組合は御用組合で、企業に同調する状況に納得がいかない一部の先進的な人たち、立ちあがった少数派の活動家を狙い撃ちした。それは大変だったよ。整理解雇の法理もそろそろ整理されてくる時期で、それに基づいて希望退職を募集したというような対応を、会社側もやってきたのでね。

１９７２年、中電もそうです。ＣＢＣ（中部日本放送）やＮＢＮ（名古屋テレビ放送）など民間放送でも事件が頻発しました。

――旭精機は解雇事件ですか、それとも不当労働行為事件。

基本は不当労働行為事件です。労働委員会の決定では、不当労働行為は、労働組合としての活動でなくても、活動家集団として労働組合活動をしていれば対象になるということ。少数派の活動家集団に対する攻撃が不当労働行為だという闘いで、勝利的な和解で終わりました。旭精機は弾薬を作ったりする軍需産業ですから、その中で少数派の活動家が目障りになったんですね。

――大隈鉄工事件の弁護団の体勢はどのように。

水野幹男弁護士を中心に、５名ぐらいの規模でした。名古屋南部法律事務所の弁護士を中心に内河恵一弁護士も入ってくれたんですね。若い人は南部事務所の人です。我々のところにも早い段階から相談がありました。通常の不当労働行為事件や解雇権の濫用的なケースとは違って、積極的な労働者たちが多数派労働組合や会社からの攻撃を予測しながら問題を提起した。これは非常に大きな問題提起で、その意義を理解した労働団体も全体としては支援してくれて、大きな運動になったと思いますね。

——背景資本である東海銀行（現・三菱ＵＦＪ銀行）攻めをするんだといって、全商業の山下分会とも一緒に積極的に争議を行っていましたね。背景資本というのは、会社との関係で言うとメインバンクということですね。

東海銀行へ話し合いの申し入れに行ったりしたんです。この運動が盛り上がって解決したのが全商業の山下分会。小さな組合でほとんど勝ち目がないと言われた裁判が、運動で解決したというので、大隈鉄工争議や東海銀行争議があったから解決したと、当時は評価されました。

——こんなにコンプライアンス違反を平気でするような企業に金を貸すというのは、銀行として適切なのかと、そういう交渉をしに行くわけですか。

まだ銀産労（銀行産業労働組合）ができる前の段階で、銀行で賃金差別を受けている人たちが全国的に闘争したんですね。東海銀行の争議団も一緒に闘いました。冬には東海銀行本店の前で豚汁を作ったり。当時、労働問題というのは、弁護士も含めてそういうことをやったんですよね。一緒に座り込みもしたし。

吉川さんの事件が地裁・高裁ともに勝利、最高裁で高裁に差し戻し。酒井さんの事件が地裁で勝利し高裁で審理中。指名解雇事件は一審の審理中。そのとき、すべての事件を一括解決しようということで、1987年9月に最高裁で吉川事件が差し戻しになった翌年の10月21日に名古屋高裁で全員和解しました。

当時、整理解雇について最高裁の裁判官会同・協議会で会社の裁量権の範囲が討議されていたこともあり、石油ショックの頃に、整理解雇の4要件が整理され、判例法理として確立していったと今は評価されている。だから、そのあとですね。最高裁の会同が頻繁に行われてて、最高裁の裁判官会同の記録を入手して、なんだ自分のやってる事件がかかっていたじゃないかとビックリした。こんなふうに書けって言われてるじゃないか、それで負けたのか、とわかることもあった。

――記録は簡単に入手できるんですか。

いやいや、簡単じゃないよ。裁判所の図書館から借り出してコピーしたと聞いたけど、入手経路はよくわからない。その前に朝日新聞だったかがこういう会同をやってると流したんです。日本労働弁護団の機関誌の『季刊労働者の権利』で特集したことがありましたよ。当時は最高裁が頻繁にそういう会同を開いて指揮していた。

――旭精機、大隈鉄工事件で印象に残っていることは。

大企業を相手に少数の人たちが、いろんな意味で非常に大きな負担を背負いながら闘ったというのが、この事件の特徴ですよね。その中で相当な成果を得ることができた。旭精機や大隈鉄工の事件は我々労働弁護士にとっても非常に印象に残る事件です。問題を提起し、闘い、一定の成果を得ることができたというのは大きかったと記憶してます。

第3章

名古屋新幹線公害訴訟

民家の密集する中を走る新幹線

身をもって騒音・振動・被害を知る

――高木弁護士と切っても切り離せないのが名古屋新幹線公害の問題ですね。

東海道新幹線は１９６４（昭和39）年開通ですから、ボクが大学生の頃です。工事が始まったのは、１９５９（昭和34）年です。建設反対の動きもあって、工事は遅々として進まなかったのが、東京オリンピックが近づいてきたので、間に合わせなければと早朝から夜中まで急ピッチで進められるようになった。当時、ボクが住んでた家は高架の直下だったので、近隣にあった叔母の家で試験勉強をしていました。叔母の家は新幹線の軌道に一部かかっていた庭の土地が買収されたという、まさにゼロメートル。ボクが住んでた家も同じようなもの。それが新幹線との最初の出会いなんだけど。

住民運動も走行開始前からあったのが、１９６４年の走行開始後は騒音と振動という走行に伴う公害問題が出てきた。ボクが弁護士になる前から、四日市公害訴訟に青法協として運動に協力していたことを知ってる人が近所にいて、ボクが弁護士になってからは新幹線の問題に入ってくれと誘われて。早くから関わったから事務局長という立場になったんだけど。

――公害訴訟は被害に始まり被害に終わるとよく言われます。公害訴訟の弁護団は、まずは被害のひどさを裁判所に受け入れさせるという、この辺が中心になるんですか。

まあ、そういうことだね。例えば新幹線公害訴訟をやろうとすると、やはり公共性というのが大きな争点になるんだよね。国鉄側は高速鉄道の社会的有益性、すなわち公共性というのを全面に出してきて、そのもとで一定の騒音や振動が出ても受忍限度の範囲内と考えるべきだという議論になってくる。空港でもそうだね。基地の問題になると、基地の必要性とか安全性とかいう議論が先行する。裁判所はそういうのには基本的に弱いんだよね。

だから、そこで出る騒音とか人的被害に大きな論点を置くという形を裁判所を説得する論理としては、それが適切だという判断があるんですね。基地の必要性、基地の安全性というところに論点が行ってしまうと、騒音被害などは軽視されちゃう。

――具体的な被害の大きさを、数値だけじゃなくて、どうやって法廷に載せるのか、けっこう難しい問題があると思うんです。検証をどれだけ実現させるかということなんでしょうか。

検証は大事でしたね。新幹線も一審だけでも3回ぐらい検証をやってる。屋内で全体の騒音振動の状況を見てもらわなければということで、裁判官に屋内に入ってもらってね。屋外だと騒音はわかるけど振動はわかりにくい。家屋振動というのは外よりも中のほうが大きい。

沿線の旅館に弁護団が何人かで合宿をしたとき、ボクは泊まらなかったけど、内河弁護士が枕持って逃げ出したというのは重要な振動の証言だよね。

――受忍限度論というのは公害訴訟の中で出てくる議論ですね。当初は国や企業の側が持ち出したんでしょうけど、それを突破する議論には研究者の協力も必要ですね。

法律的な面での学者の協力は、民法でいえば森嶌さんとか。列車の問題の専門家など、学者の協力は大きかった。当時、名古屋大学医学部公衆衛生学教室にいた水野宏教授が証人にも出てくれて、公衆衛生学教室が現地の騒音振動の調査もやった。そういう中で本山市長時代の名古屋市も動いて、公害対策局などが騒音振動の調査をする。そういう資料が訴訟の中で使われている。

――近隣の住宅密集地で減速運転をした場合、どれくらい遅れるかといった統計的な試算もされたんですね。

名古屋7キロ区間のスピードを半分に落としたって、遅れるのはせいぜい3分ぐらいだという議論をすると、向こうは、名古屋でやるとあそこもここもやらなければいけないことになると。全線波及論というやつで。

労組の協力は懲戒覚悟

――国鉄の労働組合も協力してくれた。

国鉄には、国労、動労、全動労という労働組合の組織があったけど、程度の差こそあれ、みんな協力してくれた。情報も提供してもらったし、小林康三さんはじめ証人にも出てくれたし。

名古屋の原告の要求は、原告が住んでいる駅から7キロぐらい東京寄りのところを通過するときだけスピードを半分に落とせば、騒音振動は相当改善されるというものだった。それで、裁判所が減速運転の検証をすると言ったのに対して、国鉄は運転手に対して減速運転したら懲戒すると言って拒否した。裁判所の権威も何もあったもんじゃない。だけど、国労が検証のときに減速運転をして、その後懲戒されたんですね。当時は最高210キロだったけど、その半分で走行してくれた。検証の時ではなかったけれど、減速走行している列車に向かって、下にいる住民がワァーって歓声あげると、パッパパッパッーって汽笛を鳴らしてくれたり。

――心温まるいい話ですね。懲戒を覚悟でそこまでやるって、なかなか大変だと思うんですが。

弁護団も何度も東京の国労会館へ行って要請活動をしました。もちろん愛知の組織にも行って話すなかで、前向きに理解して、減速を自主的にやるというところまで踏み切ってくれた。全部の組合が同じということではないけどね。

当時は、国労や動労が共同で、もちろん新幹線公害がメインじゃないけど、組合としての要求でストライキをして新幹線を何日間もストップした時代。列車を止めるまでストライキをやるというと、当然地元の理解も併せてやってくれた。

懲戒を覚悟でというのは、やはり国労は何十万という大組織で、懲戒で減給になろうとそれは闘争資金で補填されるわけ。バックアップしてくれるという組合の姿勢があって闘えたということもあるでしょう。今みたいに個人で放り出されてしまうようだと闘えないですね。このときは出勤停止ぐらいまでで、懲戒解雇された事例はありません。

裁判所が現場検証した日も、早いのと遅いのとどう違うのか、事前に打ち合わせをして、こちらのお願いに協力してくれた。原告らの要求に合わせて、200キロで走るところを100キロまでスピードダウンしてくれた。こういうことが当時の労働組合はできたんだね。

――今は、検証するといっても、裁判所はほとんど裁判所外へ出ません。以前は日照権の問題でも、簡単に現地へ行って見ましょう、とやってましたけど。進行協議を現地でやろうなんていうのは姑息な手段で、調書をつくる手間を省くとか、理由はあるんでしょうけど。弁護士を長くやっていて、裁判所の変化はどのように感じられますか。

検証だって、やりようによっていくらでもできる。昔はやっていたんだから。いろんな面で法廷が非常に形式的になったという感じを受けるよね。それは、裁判所を取り巻く側、運動側にも責任があると思う。

労働事件などは典型だけど、裁判所で労働事件で法廷を開き、尋問を行うと、当時は傍聴席に入れないほどの組合員が来て、裁判所も非常に緊張する状況の下で審理が行われることが多かった。当時はまさに法廷闘争という雰囲気だった。いいかどうかは別として、裁判長に対して傍聴席から意見を言うことがあったり、全体として法廷に緊張感があった。裁判所もそれを強く受け止めたというふうに感じてた。けれど、今は通りいっぺんな感じになっている。

労働事件の場合、法廷闘争という面を非常に強くもって裁判所に対峙する。法廷が終われば裁判所に対する要請行動をやる。外でもやるし、要請書や署名用紙を持って裁判官に会いに行く。裁判官が会ってくれなくて書記官が対応するんだけど、そういうようなことが毎回、法廷の度に行われてた。全体として闘う側の力が小さくなってきたということもあるかも知れないけど、そういう緊張した場面を感じることが労働事件でも少なくなったね。

全体として労働組合の力というか、労働者側の勢力が、かつてに比べるとどんどん落ちてきてるというのが現実だよね。個別労働組合で頑張ってる人たちは今もいるわけだけど、会社側、資本、労働裁判、あるいは労働委員会といったところに労働側の力を示し、緊張した雰囲気を作るということが非常に少なくなってきてると思う。

——先生が関わられた新幹線公害・四日市公害・名古屋南部大気汚染もそうですが、基本的には判決を取っているけれども、最終的には裁判後の和解で解決してるんですね。全体として、裁判がゴールではなくて、一連の運動や闘争の過程の一つに裁判を位置づけているように見えるんです。当時、不十分な判決が出たことに対して、どういう位置づけをして、それを足がかりに和解交渉に臨むことになったのか。

裁判は一つの手段だからね。オールマイティーではない。もちろん優れた判決もあるけれど、一般的には裁判は闘うための、あるいは問題を解決するための一つの手段であり、判決を活用してさらに解決のために力を入れるという位置づけでやってるわけです。

新幹線の公害問題でも、過去の損害賠償請求は認容したけれど、将来についてはクエスチョンだから認めない、新幹線の社会的有用性ということから言えば差し止めは認められない、裁判というのはある意味ではそういうものなんだよね。

このように、オールマイティーじゃないけれど一つの手段として、新幹線鉄道の現在の騒音振動の状態は違法だという判断が出ている。それは賠償金を払えば済むというものではない。違法状態をどう直すかということが加害企業の責任である。そういう交渉をして、交渉のなかで騒音や振動をどの程度まで下げるとか、今後住民側と協議を続けるという約束を取り付ける。

公害問題の中には過去の問題を処理するというものもある。イタイイタイ病がそうだけれども、一定の交渉をして過去の問題として判決で解決をすることもあります。しかし、進行型の公害は判決だけでは解決しない。その判決をふまえて交渉する中で公害問題を解消させていく必要があるということになる。新幹線でも、大阪空港でも、一定の健康被害をもたらすものだという認定をさせたことをふまえて、それをどう改善させていくのか、具体的な段取りを明らかにしようということです。

新幹線裁判は和解で終了して30年以上経つけど、年1回、JRの環境局と定期的に交渉してる。必要があれば随時JRの担当と連絡を取ることになっている。そういう形で監視を続けて、それを踏まえて交渉協議をするという形で、抜本的解決に向けて一歩一歩進んでいく。現在進行形の公害問題ではそういうことが大切で、それを止めたら向こうは手を抜き出すということになる。

——それを相手にさせるだけの力がすごいと思います。新幹線の和解書を読むと、努力義務と紳士協定の集まりみたいな和解で、言ってみれば、和解金の支払い以外の部分については強制力があってないように思えますが。世間が注目する事件のなかで、企業側も何とかしなきゃということだったんですかね。

法的強制力はないよね。それは国鉄の、その後ＪＲですけど、環境対策の部署と頻繁に協議をしたり現地の視察をさせたりする中で、企業としても問題の重大性の理解がそれなりに進んでいく。そういう状況を生み出すことができてると思う。今でもときどきＪＲの環境対策室がボクのところへ連絡してくるけどね。もちろん向こうには向こうの問題も当然あるわけだけど、環境問題については前向きに対応するという基本姿勢はできあがってきてる。これが訴訟以来、和解解決以来、長期間にわたってずっと積み重ねてきた成果だよね。

——名古屋市が味方になってくれたことも和解に大きな力になった。

それは大きいね。本山市長以来、名古屋市も当時の国鉄と定期的に協議をしてるということもある。原告が加害企業とやり合うということ、プラス、国、地元自治体に協力要請をして、加害企業に対してものを言わせるということも、公害問題を解決するうえでは重要な点でね、それはまあ作業としては大変なことだけど。

——ところで、原告団のとりまとめに苦労をされたということで、５７５人の原告のなかで、ある区域の代表が途中で降りてしまったようですね。

環境省（当時は環境庁）も、今は暫定基準と言ってるけど、騒音が85ホンレベルという相当高いところについては環境基準の対応ということじゃなくて、緊急の対応策として移転補償を考えることを国も国鉄に提起した。その中で、新幹線沿線から左右20メートルの範囲に居住してる人については、被害が大きいということで移転補償を国鉄が提起してきた。

それだけで問題が解決するわけじゃないというのが原告、被害住民組織の考えだったけど、移転補償の提案に当時の代表が乗っかってしまった。もともと住民には、国鉄と言ったら国じゃないか、国を相手に勝てるわけないっていう気分が蔓延してたからね。それでも被害はあるわけで。

――「裁判も大切だが私たちの要求が全面的に認められる判決が出るとは限らない、しょせんは住民運動というのは地域エゴであって自己救済が原点にある」という原告代表の談話が新聞に発表されたと書いてあるんですね。一審判決が出るまでに時間があって、公共性論だとかも含めて法的にも乗り越えなきゃならない課題が沢山ある。オリンピックや高度経済成長もあって新幹線が熱狂的に支持されている状況。ここで勝てるかどうか、確信が持てない状態では、不十分とは言え補償という形で切り崩しがされてきたときに、どうやって原告をまとめるかというのは難しい問題ですね。

中野雄介さん（原告団事務局長）は、「弁護団のまとめ方は的を射ていた。なんであんな顔色変えて怒らなきゃならんのかと思う時もありましたけど、それはそれなりによかった。喧嘩太郎の高木弁護士、なだめ役の林光佑弁護士、まとめ役の石川康之弁護士などいろいろいて」と書いている。高木先生はしょっちゅう怒鳴ってたようですが、弁護士に怒られると、原告としては反発する面もあるじゃないですか。だけど、それを反発しないでみんなまとめ上げたというのは、人徳ですか。

意識してやってたわけじゃないんだけど、持って生まれた私の性格で、これに限らないもんね。喧嘩太郎とか、瞬間湯沸し器とか言われてたようだけど。

——弁護団のなかでも対立があった。

名古屋の常任弁護団26人で、トップが山本正男団長、副団長に花田啓一弁護士、四日市公害訴訟を担当した野呂汎弁護士と冨島照男弁護士に入ってもらって、ボクより若手も大勢入った26名の組織だから、弁護団会議やると議論続出で伯仲する。その中で、ボクは意識してるわけじゃないけどワワーッと大きな声になる。そういうことをみんなそれなりに理解して、一部抜けた奴もいたけど、全体としてみんなでやれてた。原告が7つの学区にわたるから、それぞれの学区を弁護士3、4名ずつで担当してまとめていく。公共性に基づく公害問題についての意識を、弁護団に入ってくれた人たちはちゃんと持ってくれてたと思う。ボクが大声で怒っても、それでもやる意義があるんだということを理解してくれてる。毎月1回7地区で学習会をやって、ボクは自分の担当地区以外も順次回って、被害住民の認識はそれなりに持っている。そういうこともみんな知っていたから。

公共事業公害として大阪空港とともに、名古屋新幹線はさきがけの大きな課題だった。最高裁までいって、その段階で国鉄、運輸省、環境省にも要請を続けて、最終的に訴訟外で和解解決に至ることができた。弁護団も原告団もそれなりの意識のある人や、きちんと認識できる人がいっぱいいたということ。

原告も、移転補償受けて遠方へ移転して抜ける人もいた。移転しても毎月会費を払わなきゃいけないから。でも、過去の損害賠償請求権は残るので残った人もいる。基本的には原告団組織も維持できた。

――それだけたくさんの会議に出るとなると、他の仕事はあまりできなかったんじゃないですか。

ボクはほとんど他の仕事ができなかった。たまたま受任したら、誰かと必ず一緒でということにならざるを得ない。弁護団も事務局メンバーが7人だったけどホントに大変。7名がそれぞれの地区の責任者にもなって、運動関係のサポートをする。法廷も最初は月1回ぐらいだったけど、尋問になってからは月に2回連続して開かれる。証人は専門家が多かったので、地元の名古屋大学の公衆衛生学教室なんかはいいけど、騒音の権威者の長田泰公さんは国立公衆衛生院、振動の証人に出てくれた岡田晃さんは金沢。東京の証人もいる。担当すると打ち合わせに頻繁に出かけなくちゃならないから、負担はみんな非常に大きかったと思う。

――そんなふうに新幹線にのめりこんでいた期間は何年ぐらいですか。

訴訟は1974（昭和49）年から1986（昭和61）年4月までの12年間。和解解決して双方が最高裁に上告したのを取り下げて終了。訴訟準備に入ったのが1年ぐらい前。運動は新幹線が走り出した1964（昭和39）年直後からやってた。

ボクが運動体に直接関与するようになったのは開通して数年後。ボクの家のすぐそばに住んでた中野雄介さんに頼まれた。被害者の一人で、原告団事務局長をやった人です。

訴訟を起こす1年ぐらい前からは本格的な訴訟準備体制に入り、弁護団も26名全員じゃないけど、その後事務局をやるような人たちは当時から現地で騒音振動の調査とか、原告の組織化にも関わっていた。沿線直下の人から相当離れた人まで、どの範囲でどういうふうに原告を組織していくか。騒音や振動について名古屋大学の公衆衛生学教室の人と測定したりと、訴訟前の準備もいろいろ大変だった。そういうふうに1年集中して訴状を作成しました。

――交渉や裁判所の検証を高架下の御替地神社でやってる。これもなかなかすごいなぁ。

最高裁係属中に和解解決しても、過去の問題じゃなくて現在進行形の問題だから、和解段階での国鉄との協定書のなかでも今後協議をするという約束が盛り込まれた。当初はかなりの回数協議をやりました。今は、個別の問題は向こうの担当者とやりとりすることはあるけど、環境省とは環境週間のときにやるし、国鉄、JR東海とは1年に1回協議をする。そこで1年間の状況を確認して、残された課題を協議するということだね。和解解決してから、もう30年以上続いている。

——事務局長として記録を整理するだけでも大変でしたね。

ボクは裁判の速記録の正誤表まで作って出してたから作業は膨大。ここまで細かいことやらなくてもいいのにって言われたり、裁判所にも嫌がられながらね。弁護団会議、弁護団事務局会議、原告団地区学習会、まあたくさんありました。「高木の頭を叩いてみれば、キチンキチンと音がする」なんて言われたのは、この頃だったかな。本格的な訴訟準備から国鉄との和解協定締結までは、ほんとに早朝から深夜まで新幹線、新幹線で。

——それだけやりがいのある仕事だった。

それはいろんな意味でね。当時、原告団会費が月千円です。これが高かったか安かったかということも後に検証されてる。千円のうち百円は原告団の運動体の費用にする、残る90%は弁護団の費用。テレビ塔近くの松井ビルに名古屋第一法律事務所があったときから原告団・弁護団事務所はそこにあった。ボクも第一法律事務所のメンバーだったから部屋を使わせてもらってたんだけど、第一法律事務所が松井ビルから三博ビルに移ることになって、そのときに松井ビルのワンフロアだけ新幹線が借りるということになった。そこの賃料もあるし、証人との打ち合わせに東京や仙台まで弁護団が数人で行くその費用。証人に出てくれる人に支払う謝礼。

専従事務員は、その後東海共同印刷に勤めた古田光由くんで、彼の給料も必要。けっこうお金はかかって、足りない分は全部弁護団の負担にならざるを得ないという。法廷が毎月、朝から晩まで2回ぐらい開かれるようになると、その準備に大変な時間がかかる。古田くんもそうだったけど、ボクも午前2時頃まで作業して、だから2時間ぐらいしか寝られない。裁判所にも正本の外3通、被告にも何通か、原告にも、原告弁護団もたくさんいるから、それを作るのもほんとに大変なんだ。

新幹線訴訟からの収入はなしだから、私生活も大変だった。他の事件を連名でやってもらって費用だけもらうという形で協力してくれた名古屋第一法律事務所のみなさんのおかげです。事務所を挙げて協力してくれた。経済的にも身体的にもきわめて大変だったけどね。

——弁護団の会議なら対立はどこでも多かれ少なかれあります。運動との関わりで、そこまで踏み込んではいかんじゃないかというようなね。ただ、代表者が移転補償で抜けたという話がありましたが、代表が抜けると、他の原告も同じように流れていきそうな、そんな影響がある気がするんですが。

一部影響はあったね。国鉄から移転補償を受けるということは、代表も相当悩んだと思うよ。7地区全体の代表、原告団団長だったからね。それが国鉄から移転補償をもらって去るということは、実質原告団から抜けるということ。それなりに悩んだと思うけど、結局は踏み切って、その地域の一部の人が付いていった。原告団とも対立があって、その人たちは原告も降りたんだけど、それによる実質的影響はなかったんだ。

南区の明治地区でね、原告団団長がいるからボクもそこを担当していた。そこで塾をやってた人なんだけど、原告団団長だというので国鉄が特別の扱いを、あからさまではないけれどやったと思われる。南区明治地区が国鉄に乗せられたということだね。その人たちが移転補償を受けるということがオープンになって原告団に対立が起きた。それにはボクもキチンと対応した。

――そのとき、どこまで踏み込んで止めるべきか悩んだと思うんだけど。

曖昧なことはボクは言わなかった。事前に話を聞いてたわけではない。移転補償を受けると決まってから耳に入ったので腹が立った。だけど、原告団の団長であり地区の責任者だから、原告団が移転補償対策を是認したというふうにとられて、それによって原告団全体が影響を受けてはいけないんで。

それまで原告団は移転補償対策は認めていなかった。移転補償は、名古屋7キロ区間は特別だけど、20メートル以内だけだから。原告は実際両側100メートル以内にいるわけで、そういう移転補償を受けて問題が解決するというようなことは原告団として認められないというのが原告団総会の確認事項だった。ただ、老夫婦だけで生活をしてて夫が寝たきりだとか、特別な事情がある人については、原告団も移転補償を認めていた。

問題になったのは、原告団の団長が辛抱できんのかと。やっぱり国鉄の策略なんだよね。団長にくっついていた人は出ていったけど、全体としては組織に影響は出さなかった。ボクが大声で怒ったからかな、出てくと慰謝料もらえんぞとか。

南方貨物線は建設中断

——南方貨物線の運動もありましたね。

新幹線に沿って緑区、南区あたりから岐阜までの貨物専用線（南方貨物線）の建設用地に叔母の土地もかかっていて、移転補償の対象になり、移転補償を受けたんです。

当時、新幹線公害訴訟とともに、そのすぐ横を通る南方貨物線の反対運動も起きた。担当の国鉄の岐阜工事局ともしょっちゅう交渉する中で、国鉄が南方貨物線の建設を中断することになった。

工事は中断したけど、撤去費用が膨大にかかるというんで、今も一部の高架はそのまま残ってる。建設予定地で国鉄が買収した土地をどうするかも議論した。住民側は、買収地に工場が建って工場騒音なんかが問題になるというようなことは認めることはできないと主張して、国鉄は原則として買収した建設用地は処分しないということになった。それは文書に書いてあるということではないんだけど、何かで使いたい、使う必要があるときは原告団弁護団の同意を得ることになっていました。まだ高架の建ってない土地に、地元から公園を作りたいという要望が出て、住民の方から原告団弁護団、国鉄と三者で協議をして、了解をして公園化したところもあります。高架が建ったままの土地は、倉庫に利用しているところもある。その場合もJRから原告団弁護団に同意の要請がきて、こちらで検討して、地元の人が了解すればよし。

——和解協定書には騒音振動対策をするとあります。実際に具体的な対策は取られているんですか。

一定の改善はされている。振動については、高架の杭の土中の深さが当時は非常に浅かった。数メートルぐらいで、高架の安全性は保てるということだったけど、それでは振動が大きいというので、住民はさらに十数メートルまで深くしろと。安定した固定の程度の強い地層まで高架下の土中の杭を伸ばせという要求を、国鉄が受け入れた。杭の周りを覆って、杭を伸ばすんじゃなくて、別の杭を付けるんです。それによって、昔は大きな地震が来たぐらいの振動だったのが、完全に改善されたわけではないけど、ずいぶんよくなりました。環境省が出した緊急対策指針値というのも、甘いんだけど、それに抵触するような状況はなくなった。それまでまったく対策がなかったところに、毎年の交渉で原告団が要求して国を動かしたんです。

騒音も、環境基準を国が作った。もともと被害住民からすれば甘い基準だし、100パーセントとは言えないんだけど、訴訟当時と比べるとかなり改善されている。例えば六番町鉄橋。国道1号線をまたぐ非常に長い鉄橋ですが、下から見るとレールが見える無道床（有道床鉄橋は下が覆ってあり、下からレールが見えない）だったから100ホンを超えていた。近隣に原告がいっぱいいて、その後有道床になりました。それもただ覆うだけじゃなくて、下にいろいろなものを入れて、音や振動が外へ出るのを防ぐ対策も講じたことで、今は概ね環境基準を満たす状況まできてる。原告の中心にいた中村時計店の人は、新幹線がどんどん通ったら時計が狂っちゃうって言ってたくらいで。やっぱり訴訟も含めた住民のそれだけの長期にわたる闘いや運動があることによって、国鉄・JRを動かす、動かざるを得ないという状況を作ることができたと思う。

——技術的にはできるでしょうが、すごい金額がかかりますね。それを実現させた力というのは。

騒音についても全然基準がなくて、できた当初は暫定基準で甘かったけど、鉄道振動の環境基準値ができて、被害住民の闘いの中で行政も動くという現実。それはある意味では当然だけど、被害住民が動かずして行政が動くなんて甘いことはないんです。

毎年6月の環境週間に、全国の被害住民が関連省庁と交渉し、協議を続けている全国公害被害者総行動の運動もそうです。今もボクは名古屋の原告団と一緒に東京へ行くんです。公害で言えば被害者の運動が行われることによって、加害者だけでなく行政を動かす力になってると思いますね。そういう中で100パーセントとは言えないけれど、相当な改善が新幹線についてもある。今も国土交通省、JR東海と交渉を続けてる。一つの訴訟のアフターケアでこんなにやらなくちゃならないかと思うだろうけれど、住民にとってみると重要だしね。

総行動といっせい行動

――早い段階で名古屋市の本山市長が被害者の側について国鉄に申し入れをしたことも重要ですね。今だと行政は企業の側に立つものというイメージがあるんですが、被害者の運動の強さというだけでなく、そのあたりも違うような気がします。

確かにそうだね。今も名古屋市の河村市長とも毎年ちゃんと会うんです。河村市長も出てくる。県ともやってます。公害の総行動の議題には新幹線の問題もちゃんと入ってる。公害問題というのは、そこで生活している人たちが被害を受けるということだから、何かでいっぺんに解決するということじゃない。加害企業が倒産して閉鎖すりゃ困るという問題もあるだろうけど、ずうっと日常的に続く問題だから、住民も訴訟で和解解決したからそれで消えるというわけにいかないんです。だから、加害企業だけじゃなくて地元自治体との関係や、国・環境省との交渉も大事にして、そこで課題を提供して「JRに申し入れよ、回答をせよ」と言う。全国公害被害者総行動、愛知では「公害被害者いっせい行動」と言うんだけど、四日市のときにはまだなかった運動ができて、ずっと続いていることに重要な意味があると思いますね。

――毎年1回の交渉、最近の問題はどういうものですか。

今はリニア新幹線が問題になってるところもある。リニア新幹線は地下を通るから、騒音や振動はないと思われるけれど、全部が全部地下を通るわけじゃない。地上を通るところもあるから。それと東北新幹線。交渉を続けることによって、JRも一定の対応を迫られる。JRのほうも、そういうことに対する位置づけは前進してるようにボクは思う。国労が頑張ったからかどうかはわからないけど。

――リニアは新幹線とは違いますから、と言うような反応ではないんですか。

それは本格的な協議にはならないんだけどね。ボクはリニアの弁護団の共同代表でもあるから、

ＪＲのほうはものすごく気にしていて、協議は今後できなくなるんですかなんて。でも、それは別問題だからということで、リニアのことをやってるのは知ってるけど、新幹線の協議は続けてる。ボクもリニアの法廷であまり喧嘩しないようにして。第一回の裁判では冒頭陳述したけど、あとは若いのに任せてる。ＪＲ東海も同じ環境管理室が法廷に出てくるから。

——他の問題とは信じられないくらい違うＪＲ東海の対応ですね。やっぱり住民に被害を与えたというのがあるからでしょうか。

ＪＲ東海相手では、労働委員会でもいっぱいやってるけどね。

——公共性論との闘いというのは、公害問題には最初から最後までついてまわる。新幹線もそうだけど、名古屋南部大気汚染公害でもそう。どうやって乗り越えようと考えられたんですか。

ともかく非常に難しいテーマで、特に裁判所は公共性論に弱いんです。

東海道新幹線の訴訟で、騒音振動の原告が請求している具体的な達成方法は、本来的に発生源の対策を国鉄がきちんととること、従前どおりのスピードでも発生源の対策をきちんととれば実現できるではないか、しかし、訴訟のなかで裁判所が直ちにやると命じるということは、方法としてはスピード落とさざるを得ないということを裁判所も言ってる。それに対して、名古屋の７キロの住居密集地ならば、原告らの請求どおりにスピードを落として、提訴の段階では騒音はどれだけ、振動はどれだけと言っていたけど、最終段階でスピードを110キロに下げろというのも予備的に加えてる。それだったら3分程度ですむんだと。だから新幹線の交通機関としての利便性には影響ないという議論をこっちは出した。

それに対して国鉄は、名古屋地域のほかにも周辺に住居がある地域はいっぱいある、名古屋地域でスピードを落とすと他でも落とさなければならない、そうすると名古屋東京間でも1時間ぐらい余分に時間がかかるという主張。裁判所はそれに乗っかって、国鉄の言うとおりではないんだけど、名古屋7キロ区間でスピードダウンを命じると他のところで同じような請求の訴訟が起きたときに、そこでもスピードダウンを認めることになると相当な遅延になる。それは新幹線の交通機関としての有益性を損なうということではねたわけ。

だから、そういう議論はした。したんだけれど、結局裁判所はそこまでよう踏み切らない。訴訟の限界だけど、名古屋で認めりゃ他でも請求がきたら認めるということにも繋がるというようなことで逃げだね。

ボクたちも、名古屋地域以外に一定の住居密集地がどれだけあるかということを調査して、全部地域を特定する。仮にそこでスピードを名古屋地域と同じように落としたとしても、そんなに時間は多くはかからないということも全部証拠として出した。そうすれば裁判所も乗っかりそうな気もするんだけど、結局その議論に乗らなかったね。すぐそばに一軒あっても、その人が申し立てたらどうするんだというような理屈だね。

名古屋南部大気汚染公害訴訟（南部大気）は、国鉄の分割民営の時期より少し後、１９８９（平成元）年の提訴だから。これは、国の責任を認めたというのが目玉のトピックということかな。全国の道路公害は、西淀川や川崎もそう。名古屋南部の裁判も、誰が言い出しっぺだったか、住民運動先行型だね。名古屋市南区、港区、中川区あたりに居住する住民の運動が名古屋地域の中で非常に戦闘集団として展開していました。そういう中で訴訟提起の動きが出てきた。南区や港区の公害患者と家族の会、ここが中心。南区や港区の医療生協の病院が、喘息患者の方をずっと看ていた。あの頃の青法協は、公害問題を取り組むのは当たり前という雰囲気でした。「南部大気」の中心になったのが竹内平弁護士、松本篤周弁護士。弁護団事務局長は竹内さんの予定だったけど、その年の名古屋市長選挙の候補者になったんで松本さんが事務局長になったんだ。

司法の限界を超える運動をつくる

――受忍限度と公共性論が、直接くっつけるわけではないんですけれども、発想としてそこに接続性を持たせることが、公害事件に限らず行政訴訟でも非常に壁になっている。沖縄県が訴えた裁判でも、普天間基地が何故必要なのかというところまで踏み込んで判断をしてますよね。なんで取消訴訟でそんなものが必要なんだということなんですが、それが正しいかどうか別にして、国家的利益を持ってこられると、大抵の訴訟では一部我慢せよという話になってしまう。それをどういうふうに乗り越えていくのか。結局は個別事案のなかで闘うしかないんですけど。

司法の限界を、長年やってるといろんな場面で感じますね。限界のある判決や和解でも、それを踏まえて緩やかにでも運動を継続することがどうしても必要。そういうことが原告団の会合などで確認されて、そこに住んでいる以上は、子どもに引き継がなくちゃならないとかね。子の世代が世話人になってる人もいる。ただ法律的に１００％解決するというような問題じゃ、もともとないからね。住民運動が基本で、それを継続することが不可欠だという認識でやってこれてると思う。原告だけじゃなくて弁護団もそう。普段弁護団でやってるのはボクだけになっている。中心部隊だった林光佑さんとかも亡くなってるし。やはり、和解解決して30年もたつとなかなか難しい。たまたまボクはこの地域に住んでるけど、遠方だったらなかなかできないよね。ＪＲは毎年、来年のカレンダーですって持ってくる。

――新幹線の和解協議は、国鉄が向こうの弁護団の頭越しに持ってきたという話を聞いたことがあるんですが。

そうだね。国鉄の弁護団は和解協議の過程にもその後も一切関与してないんです。和解協議には非常に後ろ向きで、訴訟で決着すればいいじゃないかと反発していた。判決に比べてＪＲがそんなに有利に扱ったわけでもないんだけど、ボクはそんなことまで予想してなかった。名古屋だと佐治良三弁護士、中心は東京の国鉄本社の顧問弁護士。新幹線については国鉄側の弁護士は積極的に関与しない、当時国鉄の環境対策室のトップ級、そこら辺が前向きに対応してくれたと思う。

――国鉄の分割民営問題もあったし。

名古屋高裁判決が１９８５（昭和60）年４月12日ですけど、少し後の11月には国鉄の分割民営化に反対する国民の暮らしと足を守る県連絡会議が結成されています。和解解決する前の段階で、分割民営の動きが出てきてる。分割民営の閣議決定は１９８２年の７月だから、だいぶ前にやってますね。控訴審の最中です。その後に成立した中曽根内閣が分割民営を推進した。反対運動がすごくて、３０００万を超える署名を集めたと思う。分割民営前に何とか解決したいと、国鉄も必死だったんだと思う。ただ、分割民営化しても、和解内容はＪＲ東海が引き継ぐという確認書を取り交わしてます。だから毎年協議が行われてるわけで。

――当時は新幹線裁判に全生活を捧げられたと言っても過言ではないですね。

ボクは労働畑の人間だったんだけど、新幹線の裁判がこれだけたいへんになってきたので、前から繋がりのあった労働組合の事件でも、自分が中心になってやることは難しくなってきたんだよね。新幹線は家のすぐそばだから、近所の労働組合に積極的だった人から頼まれたら嫌とは言えないということで、半専従みたいにやらされたからね。

個人的には、弁護団事務局長として国鉄との最終的な和解交渉に連日忙殺され、マスコミにも追われる毎日だった頃、突然息子が難病を発病して入院した。仕事を終えると一度は病院へ寄って息子に会って「お父さんも子どもの頃は身体が弱くて学校休んでばっかりだったけど、ちゃんと大人になれたから大丈夫だよ」なんて励ましてから帰宅する毎日。息子は中学生だったけど、それまでに付き合った総量よりも多くの時間を過ごしたような気がします。緊急に大量の輸血が必要になったとき、協力してくれたのは事件などで付き合ってきた労働組合の人たちで、ものすごく有り難かった。

事件事件で追われた日々だったけど、無駄ではなかったと思えたし、仕事仕事だけの日々ではダメなんだなとも思うようになった。これは息子からのプレゼントかもしれない。

第4章

闘わなければ明日はない

ゆたか福祉会事件「お疲れさま、ありがとう」の集いで支援者らとうたう。
（2010.12.11）

裁判や和解に頼りきらない争議団活動

——話は戻りますが、弁護士になる頃に労働畑でいきたいと思われた一番のきっかけというのは何ですか。

東京の研修所の研修のときに、青法協の活動として、いろいろな集いなんかが企画されていた。その中で、先輩たちがルートを作ってくれて、労働組合の役員の人たちの話を聞く機会もあった。特定のものじゃなくて、いろんなね。労働組合の産別の大きな事務所へ行ったりする中で、日本の未来を変えるのはここだ、という感じになったということだね。

青法協が企画して映画「若者たち」を、研修サボって見に行ったりね。研修所の中では団活動（自由法曹団活動）はなかったけど、青法協の修習生部会がいろんな場を与えてくれた。そういうところで話を聞いたり情報を得たりする中で、だんだん自分がどういうふうに進んでいくかというイメージができてきた。

——魅力的な労働組合の役員もたくさんいましたね。

これ以上ないというほど親しかったのが、愛労評議長の成瀬昇さん。成瀬さんは、全く左翼的な人ではないけど、労働組合の中道をきちっと守って、やっていいこと、踏み外してはいけないことについて、しっかりしてた。だから、右寄りの「連合」がつくられるなかでも、きちっと対応された。そういう根性をもった人。豪快というかざっくばらんで、名古屋弁でしゃべられるんだけど、河村市長の名古屋弁みたいにいやらしくない。親しみやすくて、演説が上手で、リーダーとしてのカリスマ性があった。麻雀の相手もしてもらった。

成瀬さんは全逓出身で、社会党の熱心な支持者。津島市会議員もされてた。社共統一、革新共同的な動きを作ろうと、労働組合の役員として長く取り持ってきた。先に述べた新村選挙とか本山選挙のときも中心になって活躍され、いろんな交渉をまとめ上げてこられた人です。新幹線訴訟でもずいぶん支援してもらった。今、運動を統一してやろうというときに、ああいう人がいればなあと思うけどね。

——愛労評の中でも、新しくできる「連合」に行くかどうかで議論があった。成瀬さんは連合へ行ってはいかんという思いがあったみたいで、最終的には労働委員会の労働者委員という立場を蹴飛ばしてまで反対した。それで愛労評の顧問や労働者委員を外されることになった。

ところで、僕が弁護士登録した四日市から名古屋に移ってきたのが1988（昭和63）年なんですが、当時は統一行動がずいぶん行われていました。愛知争議団が結成され、裁判所での決着以前に争議によって解決するんだと考えて活動されていたように思うんです。

裁判や労働委員会の結果だけに頼るのではなくて、その経過もふまえて、弁護団も関与して労使交渉して解決するケースもけっこうあった。そのあたりまできちっと意識して、運動の場の課題に位置づけていたんですね。最後の和解協議書は労働委員会や裁判所が作るということもありますけど。裁判や労働委員会は、運動全体の中では一つの手段に過ぎない。重要ではあるけれど、それで終わりということでは本当の解決に繋がらないことが多い。ただ、団体交渉とか、単位労働組合だけではできないことが多いから、それも入った全体の組織とか、争議団とか、支援共闘会議を作るとか。栄総行動なんかそうだね。

——法的にはどうにもならない争議、これは勝てないというのも中にはあるけど、栄総行動や争議団による交渉で解決してきた。山下争議が典型ですが、全然とっかかりがないのに、背景資本と言って東海銀行を攻める。東海銀行の争議団と一緒になってね。そういう中で、困難と思われていた事件が不思議に解決していった。

裁判も一つの手段だからね。ちゃんとした位置づけをもってやらないと。東京争議団が、総行動方式などの運動でどうやって追い詰めていくのかという先例を作った。それを全国の争議団が学んで、一定の成果を上げ、運動を確立していったんだけど、それが今は忘れ去られてる。新幹線訴訟でも、国鉄の本社は東京だから、千代田総行動と一緒に本社攻めをやりましたね。東京争議団の本があるよ、大変勉強になる。単組だけでどうにかしようというのは無理なことが多いから。

それが、いつからか雰囲気が変わった。我々が行儀悪くせよというのはいかんかも知れんけどね。裁判の手続きや法の論理が全部巻き返しで窮屈になり、闘う手段が奪われて非常に狭い道に入り込んだり、職場の中で攻撃されて実力がそがれたり。それを何とか解決しようということで、小さな組織が集まって争議団運動をやったんだけど、なかなか続かなくて、力がなくなり、依拠するところがなくなってきた。それがこれからの課題。

だから、我々みたいに経験した人間が問題提起をいろんなところでしていかないとね。そのために50年労弁やってきたんだぞと。

再び国鉄相手にたたかった分割民営化反対闘争

――新幹線訴訟で国鉄相手に闘って、それが終わったと思ったらまた相手が国鉄。

新幹線の問題では、国労、動労、全動労とも連絡を取り合い提携してきました。組合運動と併せて沿線の公害問題にも関心をもってくれて、処分も出た。そこまで労働組合が踏み切ってくれたので、協力関係もできたんですけどね。

――会社を訴えた裁判に従業員が証人で出るというのは、今では考えにくいことだけど、当時は職場の中で守れるだけの労働組合の力があったんですね。

もともと懲戒を予告されていた、ということです。当時、総評の中でも国労は御三家と言われた強い労働組合で、最高時には20数万人組合員がいたんです。

若い人は電車がストライキで止まるなんて経験したことないだろうけど、1970年代までは、ほんとによく止まってた。

――そういうことも、組合攻撃に利用されたんでしょう。「ヤミカラポカキャンペーン」とか。

闇（ヤミ）手当をもらってる、空（カラ）出張をやってる、突然休む（ポカ休）を労働組合はやっているとマスコミにリークして攻撃させた。この頃は公務員労働者に対するバッシングが非常に強かったんですが、中でも国鉄職員に対する攻撃はひどいもので、世論がすごく厳しい目で見るようになっていた。それを背景に「国鉄分割民営化」が打ち出された。中曽根内閣のもと、国鉄を六分割して貨物を一社にする。その過程で要員を18万3千人に減らすということで、余剰人員が9万3千人、つまり10万人近い余剰人員の首を切るという計画が打ち出された。これは大変な社会問題になりました。

――人材活用センター（人活）裁判もやりました。

国鉄が余剰人員対策と称して人材活用センターを作り、国鉄が活動家とみなした労働者を人材活用センターに収容して、草むしりだとか掃除をさせたりだとか、ただ部屋に閉じ込めておくとか、そういう扱いをした。それに対して全国各地で仮処分闘争が行われた。ボクは個人的には息子が闘病中だったこともあり、新幹線の裁判が終わって一息つきたい時期だったけど、周りの励ましもあって名古屋の人活裁判の弁護団長を引き受けたんです。

――解雇闘争もやっていますね。

これは、指名解雇じゃないんだ。分割民営される中で、分割された各社が採用行為をする中で、組合活動をした者を採用名簿から落とすというやり方をした。その枠組みを法律で作ったわけ。この名簿の調整は国鉄再建監理委員会がやったんです。ＪＲはその名簿に基づいて採用行為をしただけだと主張したけど、こちらはＪＲと国鉄再建監理委員会は一体じゃないかという攻め方をした。本来ＪＲも使用者性を持つべきだという組み立てを一応はしたんです。

――被告としてはＪＲを訴えた。

最初はＪＲを訴えたんですよ。ただ、率直に言って、当時の国労弁護団としては、全国的にも法律作られちゃったから裁判で勝てる見通しはないというような、非常に見通しが暗かった。裁判所へ行っても、法律がそうなってるじゃないかと言われる。

じゃあどうしようかと言ったときに、ボクの記憶では、伊豆の国鉄会館で神奈川の伊藤幹郎弁護士がこう言ったんですよね。法律作られたって、全国で地労委闘争をやって救済命令を勝ち取っていけば、ヤミカラポカのキャンペーンで占められた世論を変えることができる。国労を支援するような世論に変えられると。そうして流れを変えていこうという提起があって、一気に展望が開けた気がした。

また、人活裁判とは別に、国労がスト権獲得のためのストライキ、いわゆるスト権ストで列車を止めたことによる損害賠償を202億円、国が国鉄労働組合に請求する裁判もやっていた。負けたら202億円の支払いで国労はつぶれるというので、会議は非常に重苦しい雰囲気だった。それが伊藤幹郎弁護士の地労委闘争をやろうという意見で変わったんだから。この202億円の損害賠償も、最終の和解解決の中でJRは取り下げることになりました。

伊藤幹郎弁護士は名古屋出身で、名古屋で修習して横浜で弁護士をやっていた。ボクの2期下で22期ですけど、この間亡くなりました。

――なるほど国鉄の裁判は複雑ですが、高木弁護士が担当したのは。

最初は人活裁判です。採用差別が大きかったのは北海道、九州、四国で、本州は少なかった。東海地域では静岡の人が1人採用されなかっただけだった。

この地域で起きたのは配属配転差別です。今まで運転職場だったのに運転から外されたり、駅員だったのに駅業務から外されたりという配属配転差別と、駅の売店で売り子をやるなどの出向事件。それを不当労働行為だとして労働委員会で争った。当局側は、悪い血の国労組合員を外して本務のほうはいい血を入れる「血の入れ替え」と称していた。

いずれも愛知の労働委員会で救済命令を求めて、配転配属事件が先に勝利の命令を得て、出向事件がそれに続いたんだ。その労働委員会は、廊下までいっぱい人がいて、階段も組合員があふれるような状態でした。それだけたくさん押し寄せる人がいたんだよ。労働委員会の側もそれなりに柔軟に夜間に調査をやったりね。今は裁判所みたいに形式的ですけど。

労働弁護団が毎年交渉を行い、東海労弁も労働委員会に毎年要求書を出していた。

——国鉄の分割民営化の動きの中で、さまざまな闘いがあったと思うんですが特に印象的なことはありますか。

冷戦体制が終わる頃ですね。国鉄が民営化される、電電公社が民営化される、しかも全国一本だったものがいくつかに分割される。それを国が音頭をとるという大きな仕組みの変更に伴って、労働者、労働組合にさまざまな攻撃がかけられ、実際に雇用も奪われるという、非常に大きな問題が全国で起きる中で、単独の労働者、労働組合だけではなく全体の連帯的な運動がひろがり、社会的にも大きな問題として取り上げられました。

弁護士も裁判とか労働委員会とか、法律的な場面だけじゃなくて、社会的な問題に積極的に関与するというのが労働弁護士の日常活動でしたね。ビラも配ったし、署名を集めたり、一緒にデモをしたり、ストライキの現場に行ったり。ボクも名古屋だけじゃなくて東京の国鉄本社前の行動にも参加しました。言ってみれば、それが労弁の日常活動だったんですよね。ボクのセンスとしては、労働弁護士というのはそういうことをやるんだと。それが文字どおり日常だったですね。

訴訟や労働委員会も非常に大変だったんですけど、若い人も含めて労弁の人たちが積極的に闘争に参加をするという状況があったんですね。もちろんうまくいかない場合もあるわけですけど、一つの社会問題として提起をして一定の成果を得る、法律的なことだけじゃなくていろいろなことを獲得できた。

――分割民営化の前に東海労弁として、職場の実態調査活動をやりましたね。

手分けして駅や工場や職場へ入って実態調査をしました。新幹線の職場では運転台にも入ってね。報告書は、分割民営化され、保守点検が手抜きされることによって、例えば劣化箇所が見過ごされるなど、重大事故につながる状況がいっぱいあると指摘していました。分割民営化前は毎日点検していたのが1週間に1回になり、ひと月に1回になる。それは利用者にも影響するたいへん危険な状況です。

――市民に国鉄問題をわかりやすく伝える活動も。

新しい運動も作りました。まず「国鉄の分割民営化に反対する学弁の会」という名称で学者と弁護士が一緒に運動を始め、労働組合やいわゆる民主団体も加わって「国鉄の分割民営に反対する東海の会」を作った。さらにそれを市民にも広げようと作った運動体が「鉄道フォーラム愛知」です。岐阜の山奥の野田郷に、支援する組合と国労、全動労、弁護士や学者も集まって、合宿して議論したとき、名古屋大学の森英樹さんが、べ平連のように「鉄道に民主主義・人権・安全を！ 愛知県民フォーラム」と名付けようと言われた。略称「鉄道フォーラム愛知」です。決して国鉄労働組合を支援するだけじゃないということがよく分かるネーミングですね。

また、市民に国鉄問題を分かりやすく訴えようと、「国鉄フェスタ」という祭りを何度もやりました。白川公園とか久屋広場に五千人ぐらい集まってね。子どもたちをミニ鉄道に乗せたり、フォークの神様と言われた西岡たかしが来てくれて「遠い世界に」をみんなで大合唱したり。

――高木弁護士が中谷弁護士とハンストで座り込んだという。

1990（平成2）年でしたね。地労委の民主化闘争と国鉄の分割民営反対の二つを掲げて、とにかく名古屋で見える運動をしようじゃないかと。当時の国労名地本の書記長だった樋越さんが過激で、闘いの中で一人殺すぐらいじゃないと勝てんとか言い出した。それならハンガーストライキしかないと言って、「東海の会」当時の初代の事務局長の中谷さんが、真っ先に僕も座りますと言ったんで、ボクも座ると言ったんだ。結局、座った弁護士はボクと中谷さん2人だけ。栄の交差点、栄小公園というのかな、そこで座ったね。労働者と共にある、そういう気持ちだったわけ。今から見れば時代離れしているように思われるかもしれないけど、新聞にも好意的に大きく取り上げられるという雰囲気もあった。

そういう労働運動、労働組合の活動に、弁護士も積極的に参加しましたね。労弁とはそういうもんだと思ってたから。でも、ハンガーストライキをやってるのに、陣中見舞いにケーキを持ってきてくれた人がいたのには笑っちゃったね。男ばかりの座り込みではむさ苦しいからと鉢植えの花を持ってきてくれた女性には感動したけど。

――そんななかで、全国の地労委闘争では勝利をするけれど、裁判所へ行った途端にひっくり返る。採用差別については、中労委で勝って不当労働行為と認められたけど、最高裁は使用者性なしということで負けてしまう。後で発覚することですが、あの法律は、裁判官上がりの人が、どうやったら裁判所で負けないかを考えて作ったようです。今から考えると仕組まれたようなものです。あれが日本を大きく変えましたね。

三公社など公的な事業を分割民営化するという大きな社会的な流れの中で、労働者の状況はほんとうに変わった。

民主的な委員選任を求める、労働者委員任命取消訴訟

――そして、労働組合の再編が進められるんですね。

戦後の労働運動を振り返れば、まず民間大経営の中で右寄りの再編が進められていく。一方、左寄りで闘っていた総評の左派のグループが中心になって力を持ったのが官公労です。それをつぶしにかかったのが、国鉄分割民営化に始まる公社の分割民営化攻撃です。中曽根康弘元首相は後にインタビューにこたえて、国鉄分割民営化は国労を解体すること、それによって社会党をつぶすのが狙いだったと言っている。まさにもくろみどおりにやられちゃったんですよ。憲法改悪につながる今の状況を生んだ、ここが一つの分岐点。

国鉄分割民営化と軌を一にするように、労線の右寄り再編が起きてくる。それまであった総評と

同盟とを、連合という一つの大きなナショナルセンターに変えるという。それによって労働者が政治的主導権を握って、自分たちの権利を実現していくんだ、といううたい文句でした。

もともと総評は左で同盟は右。右のほうに吸収させることに反対する総評の左派の中から、連合に行くのは嫌だという人たちが作ったのが統一労組懇で、後に全労連へと流れるわけです。国労は全労連にも連合にも行かないで、全労協という組織を作る。それが今日の三つのナショナルセンターに繋がっている。

そんなふうに労働団体が分かれていく中で、全国の労働委員会で労働者委員が連合系に独占されていく。本来労働委員会は、中立と労働者の代表と使用者の代表の三者で構成されるんだけど、その一つである労働者委員が連合に独占されるようになった。

——なぜ、任命取消し訴訟にまで至ったんでしょう。

この地方では、愛労評の議長だった成瀬さんが労働者委員にいたんです。成瀬さんは労線の右寄り再編に対して、自治労愛知の機関紙に名前を出して反対を表明します。そのことで愛労評の顧問を解任され、労働者委員にも選ばれなくなるという事態が起きました。連合独占という事態になって、労働委員会の民主化闘争を始めたんだけど、知事の労働者委員の任命が違法だということで、その取消しを求める訴訟を起こしたんです。

原告は成瀬さん個人と、労働者委員候補を推薦していた組合と、労働委員会に申立てをしていた組合と愛労連もなりました。本来、労働者は出身系統で選出すべきという理論を立て、偏頗な人選はいけないということで取消し訴訟をやったんですね。相手は県と県知事です。

労働委員会闘争というのは、単に出身とか系統の争いじゃなかったんですよ。連合出身だけだと、民間大経営出身の労働者委員ばかりになるわけです。それでは中小零細の労働者、労働組合員の気持ちはわからない。こういう人たちだけでは役に立たないじゃないかというので、裁判までやることにしたんです。

当時は、公益委員も関係するけど、労働者委員の選任というのが一つの大きな課題だったんですよ。愛知県知事に対する申し入れなどもやっていましたから。

――県庁舎の周りを取り囲んだなんて話も聞きましたが。

やったやった。その前に、神奈川の民主化闘争の経験を学ぼうと、伊藤幹郎弁護士に来てもらって学習会をやりました。今の愛労連に結集しているような組合ばかりでなく、独立してやっているような組合にも、労働委員会を使う組合が労働委員会を民主化しようじゃないかと呼びかけた。そこで神奈川の民主化闘争の経験を学び、直接の運動と裁判と、両方をやることを決めたんです。当時は知事、労働局などに対して、いろんな運動をしてました。ボクはその頃から愛知県職員組合の顧問をやってるんですよ。組合の大会では来賓席に知事と並ぶから、何か変なんだけど。

労働委員会の民主化闘争の組織は、地労委民主化会議と言ったかな。集会をやって、集会からの流れでデモをやろうと。それで愛知県庁を取り巻く千人規模のデモをやりました。今は開店休業状態で、年一回の委員任命の時期にビラを出すぐらい。

――今は労働委員会の存在を知らない弁護士もいるんじゃないかなと思うんですが。

労働委員会というのはそれなりに特別な組織だから、一般の人にはちょっと馴染みがないということはあるけど、労働者にとってみれば大きな問題だからね。ボクが弁護士になった頃は、労働委員会の事件もものすごく多かった。不当労働行為救済申立事件も多いし、斡旋事件もかなりたくさんありました。その後はどんどん少なくなって、労働委員会を活用するという雰囲気が非常に弱くなってきている。以前は毎日のように労働委員会へ行くというような状況だったけどね。

――裁判のために、名古屋大学の室井力先生たちと一緒に共同研究をしましたね。

名古屋大学の学者グループ中心に、共同研究の成果を鑑定意見書にまとめて、裁判所に証拠として出しました。意見書を書いたのは、トップに行政法の室井力さん。石田眞さん、和田肇さん、福家俊朗さんの4人。さらに、この行政法・労働法の枠を超えて、憲法の森英樹さん、小林武さん、民法の宇佐見大司さんたちも加わってくれました。ボクも民科に参加してて、学者と弁護士とが一緒に飲んだりするような雰囲気が当時はあった。そんな付き合いもあってできたんだと思う。
鑑定意見書は「法律時報」にも掲載され、全国の地労委の労働者委員任命取消訴訟で使ってもらった。名古屋は先進的な役割を果たしたんだね。

――この訴訟の結論はどうでしたか。

結論として、請求は知事の裁量だということで取消しは認められなかったんだけど、裁判所は判決の中に、今の状況は裁判所としても適切だとは思えないという意見を書きました。労働組合がいくつかの大きな組織・潮流がある中で、一方の連合推薦の委員だけを選任することは、労働者が納得いく状況ではない。特に労働委員会を利用するような労働者、労働組合としては納得がいかない。それは裁判所としても適切ではないと考えるという意見を判決で述べたんです。
労働組合の潮流が複数あるとき、端的に言えば、組合差別で労働委員会に申し立てることもある。会社側がAの組合に対してBの組合と差別したと申立をするとき、労働委員会の委員がみんなBの組合の側ばっかりだったら絶対納得いかないじゃないかと。つまり、主文は知事の裁量の範囲だが、理由中に、労働者、労働組合の側からすれば納得がいかないのは無理からぬ点だということを、林道春裁判長が丁寧に書いた。

——全国的にも地労委民主化闘争の成果だと評価された判決ですね。その後、状況は変わったんでしょうか。

斡旋委員に愛労連出身の委員が任命されることはあったけど、労働者委員に任命されることはまだありません。全国的には高知で選任されたりしていますが。裁判は千葉、北海道、中労委はずっとやっています。愛知はそういう判決を勝ち取ったから、今度は運動だと言って、訴訟はやめたんです。

——労働委員会の活用状況も下がってきている。

そうなんです。昔は裁判所の労働部へ申し立てるのと労働委員会へ申し立てるのと、いっぱいあった。労働委員会への申し立ても、不当労働行為救済もあれば、斡旋とか団交拒否とか、いろんな申し立てがあって、労働委員会はてんてこ舞いだったんです。近頃は、東海労弁の幹事でも労働委員会へ申し立てたことが一遍もない人がいるとか、ほんとに様変わりです。

——もともと労弁も「総評弁護団」だったのが、日本労弁に名前を変えるのもこの時期ですね。総評が分かれていくときに、連合のほうに移った労弁の人もいるんでしょうか。

集団かどうかは別として、たくさんいますよ。人活センターの時期などを契機に、国労が主流派と反主流派に分裂します。その分裂に際して、名古屋駅西にある国鉄会館をどっちが取るかということがあって、その際に相手方になった弁護士はいました。

国労名古屋地本の顧問を辞任する

――さまざまな闘いの中でつとめてこられた国労名古屋地方本部の顧問を辞められたのは。

ボクたちが顧問をやり、分割民営を含む様々な闘いをしていた頃に比べると、国労の姿勢がどんどん当局寄りになっていった。そういう中で、三六協定締結問題があり、それに反対する人がいて、弁護士としても納得がいかないと対立して、結局顧問を辞めるというところまでいったことがありました。

それを説明するのはむずかしいんです。分割民営後も闘う姿勢のグループがいて、出向配転事件の後、不当労働行為に対する地労委、中労委の闘争をやってた。その中で国労は圧倒的少数になるんだけど、当時は駅や事業所単位では過半数を握ってるところがあったんです。そこで、三六協定の締結を拒否することによって、当局と交渉できる力を発揮できるんじゃないか、と。拒否することで、その事業所は回らなくなり、全体に大きな影響を及ぼす。これは闘う有力な手段になるだろうということで、東海地方本部の人たちと執行部に確認を取りました。それは今まで何回も闘う気にさせたところではしごを外されたことがあったからです。執行部も、今回は闘いますと言いました。そこで、各事業所へ入って、三六協定拒否闘争は有力な手段であること、これを取れば要求が前進する可能性があると言って、けっこう盛り上がったんです。ところが、そんな闘いは中央で和解を探っているときにマイナスになるからと、中央本部から闘争を止めろという指示がきた。ボクは、現場の労働者をやる気にさせておきながら、今さら止めろなんて言えるかというんで顧問を辞めたんです。

――その後三六協定闘争はぽしゃって和解。全体としては中労委で一括和解という方法をとったんだけど、結果的には採用問題を中心に若干の解決を図っただけでした。

組合運動だけでなく、新幹線の公害問題もあり、国労とはずっと付き合い続けてきました。もちろん積極的な姿勢を示す執行部の人もいますけど、全体としてはボクたちがイメージしていたあの時代の国鉄労働組合とは、ほんとに変わってしまった。ストライキで列車を止めるようなこともやって、一番に乗客の安全を掲げて闘っていた国鉄労働組合の姿勢は、今は全く見られないのが現実ですね。新幹線訴訟の頃は、東京駅のすぐそばにある国労の事務所にも頻繁に通ったけど、今はボクもそんなところには出入りしない。

でも、これは国鉄労働者だけじゃないんだね。ボクが若い頃労弁として一緒にやろうとしていた労働者・労働組合のイメージや、一緒に闘った当時の認識から、どんどん変わってきている。特に、連合が発足して、労働組合全体の状況が大きく右傾化して、労働組合として積極的に経営側と闘うというのはほんとに限られてきています。労働事件も、多くが個別労働者、あるいはそれに準ずるような人たちの闘いになってきた。そういう意味で、労働組合の状況を反映する労働事件の状況は大きく変わりました。

労働事件で労働組合の団結権を認めさせる、あるいは、争議の正当性を認めさせて会社側に責任を取らせる。そういう闘いを通して労働運動を前進させ、社会を大きく変えていく。そういう労働者・労働組合と一緒に闘って、世の中を変えていくんだというのがボクが労弁になったときから持ち続けてきた気持ちなわけです。そういう労働組合が失せてしまったのは、残念に思いますね。もちろん、その後も非常に前向きに闘う労働者、労働事件も担当しました。けれど、労働者全体の状況を見るとすっかり消極化してしまった。

福祉職場の労働事件、ゆたか福祉会事件

――次に、ゆたか福祉会の労働事件について話していただけますか。どんな事件で、何が問題になっ

たのか、どういう闘いがなされたのか。

２００２年だったと思います。愛知県に本部があるゆたか福祉会といういくつもの事業所を持つ社会福祉法人。ゆたか福祉会には労働組合もあり、福祉事業を行うということで、経営側と職員団体とは一定の信頼関係があって運営されてきたんです。その中で、ゆたか福祉会の現状に問題を提起する職員、問題意識のある職員が出てくる。そういった職員に対して、事業主と労働組合とが攻撃をする。差別的な扱いをしてうつ病などの病人が出たり、退職に追い込んだりということが起きたんです。

差別されたり、攻撃を受けた職員が救済を求めていくつかの法律事務所に相談したりしたそうですが、当時はゆたか福祉会を高く評価している法律事務所が多くて、ゆたか福祉会やその労働組合を相手に法的な救済手続きをとるのは難しいと、なかなか受け止めてもらえなかった。そういう中で、たまたま私のところに相談にきたんです。ゆたか福祉会は、全国的にも高い評価を得ており、民主的経営をしてきたという実績もある。理事長も福祉事業者として前向きな立場をとってきた。ところが、経営側と労働組合とが完全にべったりした状態で運営されていたので、組合員から労働組合に申し入れをしても全然受け付けてくれないという状況があったんです。

直接ボクが関わった一つは配置転換の問題です。福祉事業の厳しい労働条件の中で、配転命令を受け入れない人に対して処分するなどの問題が起きてきたんです。ゆたか福祉会は愛知県でいくつかの事業所を持っていたため、配置転換など個々の労働者にとっては大変な状況が出てきていました。ところが、法人に相談しても労働組合に相談しても解決されない。そういうことが重なるなかで、一部の職員が問題提起をした。それがゆたか福祉会の労働事件として持ち上がったんです。

最初の相談は金丸理津子さんからでした。いろいろ話を聞き、代理人として労働組合や法人に申入書を出すなどの努力をしました。しかし、法人と労働組合とが提携をしていて交渉による解決は難しいということで、法的な救済も含めて申立てをしたのがゆたか福祉会の労働事件です。すると、金丸さんの意見に賛同したら不利な扱いを受けるとか、法人のやり方に異論を唱えたら解雇をちらつかされたという人が出てきて、金丸さん以下4名の労働者が、時期は違いますがそれぞれ労働事件として申立てをしました。配置転換は大きな課題の一つでしたが、経営のトップにはいろいろな問題行動がありました。

法人側の顧問事務所は名古屋南部法律事務所でした。その後南部は手を引き、他の法律事務所の代理人に替えられました。訴訟の中では厳しい対立状況とか、証人調べが行われ、ゆたか福祉会側も話し合い協議に応じ、経営陣も替わったし、裁判も勝ったし、地労委でも勝ち、最終的には話し合いで解決しました。

――「守る会」なども作られたようですね。

ええ、作りましたよ。愛労連も最初はそっぽ向いてたんだけど、4人の労働者が中心になって、愛労連の中のローカルユニオンゆたか分会を作った。ゆたか福祉会の経営幹部も、社会的にはそれなりの評価を受けている人たちが担っていたし、福祉経営ということもあって、ゆたか福祉会が法律的な問題を抱えているということを理解してもらうのに、時間がかかりました。

実際、福祉職場の中の労働条件というのは非常に厳しいものがある、そういう中で、労働者が健康被害をはじめ様々な負担を抱えている。そういうことを理解してもらうために、愛知働く者の命と健康を守るセンター（略称・愛知働く者の健康センター）に申し入れたら、当時事務局長だった宮崎脩一さんが中心になってローカルユニオンの労働者の申し出を受けてくれた。それで、ゆたか福祉会と協議などもしてくれたんです。

しかし、それだけでは解決を見ないということで、学者や弁護士、医者などで「金丸さんを支援し人権を守る会」というのを作りました。名前は金丸さんだけど、ゆたかの人権を考えるのが本旨だと理解して、そこが法人と協議したりしてくれた。協議で解決したこともありますし、訴訟にまで至ったケースもありました。全体として、当時ゆたか福祉会が抱えていた問題について、法人側も前向きに対応すると、具体的には申し立てた原告の救済方法を講じるということで、話し合いは結構時間かかりましたけど、最終的には法人側も実情を理解して、前向きに現状を改善するという解決ができました。

ゆたか福祉会は、当地ではもちろん、全国的にも先駆的な福祉事業体だったんです。経営側の姿勢も、企業利益を求めるというものではありません。ただ、労働者の適正な管理、労働者の権利の保護という点では問題があった。労働条件の確保が犠牲にされている。そのことがゆたか福祉会の抱える大きな問題として浮上して、それで闘争になったわけです。

最終的にはゆたか福祉会はそれを認め、問題を是正していくという形で解決した。社会福祉に関する法律が2000年に改悪されたり、いろいろと困難はあったでしょうが、和解内容をふまえて運営も改善され、今日では特に問題が生じることはなく、それなりに順調にいっているのではないかと思います。

――いわゆる民主経営内部の労働事件ということで、誰も引き受け手がないところを引き受けられた。

障がいのある人たちが安心して暮らせるような事業というのが法人の理念だと思いますけど、それに反するような問題が起きていた。それを訴訟や運動を通して改善することができたということです。

労働事件をいっぱいやってきましたけど、通常は利益を求める企業が相手です。もちろん公的な機関もありますが、ゆたか福祉会というのは福祉事業を行っている社会的な問題意識をふまえた事業体です。そういう事業体を相手に労働事件をやった経験はゆたか福祉会のほかにほとんどありません。向こうも自分の正当性というのが非常に強いから、裁判はたいへん難しかった。10年近くもかかった長い闘いでしたが、利益だけを求める企業の元で働かされている労働者とは違うので、苦労も多かったけど、最終的には和解解決で前向きに解決できたことはよかったと思っています。

――労働組合と法人が一体化していたこと。その中で、労働組合から選出された理事が、極めて特異な哲学に基づいて、労働組合や法人教育を通じて職員を支配し、事実上法人全体を支配するという状況があった。

組合選出の理事が、組合を通じて法人を支配するというやり方をしていました。非常に特異なマルクス主義理解に基づいて、思想的な職員統制を内部的に図っていました。労働委員会闘争では、その理事に対してあなたのマルクス主義の理解は間違ってるんじゃないかという尋問をしたぐらいです。その人がひと言言おうものなら労働組合の中ではもちろん、職場の中で生きていけないような状況が作られていて、それに疑問を感じた労働者がものを言ったら、職制も労働組合、組合員もみんな寄ってたかって職場でつるし上げる、その結果ＰＴＳＤに陥った人がいて、その人の代理人になって裁判闘争をやり、ＰＴＳＤの損害賠償をするという判決を勝ち取った。労働委員会闘争では、事実上話し合いを基本的に守るということだったのが、それが地労委ではうまくいかなかったので命令をもらって、中労委にいった段階でまた話し合いをしたのをもとに、中労委和解をして解決したという事案です。

——労働組合対労働組合ということになると、いわゆる労使紛争になりにくい。それを、愛労連ローカルユニオンを使いながら不当労働行為という救済申立をする。また、学者・文化人・弁護士を呼びかけ人に守る会を作って、そこで県内の世論を盛り上げていった。

知的障がい者の福祉法人として、先駆的で権威のある法人として、ゆたか福祉会は評価されていた。ちょうど『ゆたか物語』という本が出版されて、大変素晴らしいことをやってると宣伝されていた時期だったので、「そうじゃないよ」「中でこんなことが起きてるんだよ」という批判的世論を盛り上げる運動を展開する。労働組合を支配していた理事や委員長を辞めさせることにも成功した。それがきっかけで、相手の労働組合も変わる、その中で福祉会も変わるということで解決の方向にいった。こういうような経過をたどるんですが、非常に特異な組合による支配を変える闘いは、大変困難でした。

でも、最終的な解決は非常によかったですよね。労働事件としての解決だけじゃなくて、ゆたか福祉会の福祉事業体としてのあり方についても、前向きな話し合いの解決ができるというところまで到達した。そういう意味では社会的な評価も大きかった。ゆたか福祉会という社会的に前向きな評価を受けているところで起きた労働問題について、どういうふうな進め方、どういうふうな解決を図っていくかというのは、労働弁護団員にとってみても考慮を要することだったわけです。現実に、そこで行われた労働者に対する差別的な扱いが当該労働者にとってみると大きなダメージだったので、その救済にポイントをおきました。全体としては民主的な事業体ということを掲げているけれど、個別に見ていくといくつかの問題点がある。それはその中でケアを受けている立場から見てどうなのか、そこで働く労働者の立場から見てどうなのかと考えると、全体としては前向きな事業体であるとしても、いくつか問題がある。その問題点を指摘し、立ち上がった労働者の行為は、非常に意義があるものだった。それが運動と訴訟を通して最終的に和解解決する。そのなかで、ゆたか福祉会の民主的な福祉事業体としてのあり方が、前向きなところに到達することができたのではないかと感じています。

普通はおかしな経営者が何かやったということで、チャンチャンバラバラということだけど、そういう経営者ではない。しかしその中にある問題を労働者の問題提起のもとに解決し、さらに福祉事業体として前向きに進めることができた。そういう成果に繋がったのではないかと思います。結果的には評価のできる解決ができたと感じています。

——ところで、問題提起した職員が不当な配転や処分を受けた。その提起した問題の一番大きな点は何だったんでしょうか。

労働条件の問題と、施設入所者に対する処遇の問題。処遇のあり方、対応の仕方について、こういうやり方はおかしいんじゃないかと言うと、それはゆたかの職員としてあるまじき態度だとつるし上げを受ける。ボクが直接交渉した中に、いわゆる身体拘束に当たるんだけど、一室に閉じ込めてしまうやり方があった。それで、身体拘束はおかしいと言うと、人手が足りないんだからしょうがないじゃないかという。個別的・具体的な対応の中での問題があったと思うんだけど、なかなか改善しない。向こうも納得しなかったね。

——それは、どういう言い分なんですか。

やりようがないじゃないかと。じゃあ、あなたならどうやるのと。この人数で、この福祉予算の抑止のなかでどうやってやるんだという言い分ですね。

訴えた金丸さんは、ゆたか福祉会のつゆはし作業所で働いている職員でした。彼女は職場の中で、入所者に即した処遇をすべきだと、素直な感性で言ってたんだね。ところが、ゆたか福祉会としてやっていることが絶対で、それにケチをつけることは許さないという雰囲気が生じていた。金丸さんはうたごえ運動を中心にやっていたんですが、労働組合はそのことも含めて労働組合の方針に従ってないんじゃないかと言ってきた。そうしたつるし上げにあった金丸さんは、精神的にまいってしまった。また、一番ひどいつるし上げを受けたのは看護師の泰中広子さんです。職制だけじゃない組合の人たちも含めた職員集会でつるし上げを受けて。

奉仕して当たり前だと悪い労働条件での仕事を押しつけられるもんだから、心に不満を持ってる人はいっぱいいたんだ。その中で、こういうところだから仕方がないで終わるのではなくて、よく声をあげたと思います。一声上げたらつるし上げを受けることを覚悟しないといけないんですからね。金丸さんは復職しましたが、その後任意退職しました。泰中さんはお子さんがゆたかの施設に入所していたということもあって、非常に窮屈な状況でした。

——自分自身の労働条件が不当だというだけじゃなくて、入所者の処遇について訴えた。

ボクは後者が主だったと思うね。

それに、今の時代にこんなことがあるのかと思うような、変な思想教育をやってた。そこが一番印象に残っている。もちろん、その思想統制に異議を申し立てた人、おかしいじゃないかと言った人もいっぱいいいた。愛労連ローカルユニオンには来なかった、もう一つのゆたか民主労働組合という労組を作った人たちだよね。あんなやり方はおかしいと反旗を翻した。大変複雑な事件だった。

——理事長を辞めさせたのは、話し合いによってですか。

そういうことですね。体制変革しなきゃダメだということで。理事長は、一昨年亡くなられた日本福祉大学の秦安雄教授。大変な人格者で、労働組合と理事会を牛耳っていた役員による支配を苦々しく思っていたんです。だけど、自分では何も言い出せなかったんですね。ボクはいい人だという評価をしてるけど。法人として許されないようなことをしたということが、社会的にも批判されるようになり、裁判や労働委員会の決定で出てくるわけだから。辞めざるを得なくなったということですね。

——難しい裁判でしたが、大事なことを教えてくれてますよね。

当初は、ゆたかに対して、高木弁護士や中谷弁護士が変なこと言い出したという雰囲気でした。ゆたか労働組合の定期大会で、ボクなんか「悪徳弁護士」呼ばわりされたりしましたからね。だけど、だんだん世論も変わっていったんです。

だけど、やっぱりゆたか福祉会の社会的評価はどうなのかということは、職員も皆わかってるよね。現に、自分たちがそこで働いているのは、何かをして儲けようということじゃなくて、障がい者のケアをしてるわけだから。その中で、本来福祉事業体としてのあり方について問題を感じて提起する。それを通して社会的に理解を広めて話し合いで解決をする。それは大変なことだけど、こういう経過を見ると、そこの職員や労働者が事業体、企業体のあり方について問題提起するということがいかに大切なことかわかるよね。

それは福祉事業に限らないことです。そこで働いている労働者が問題に気づいて改善の努力をし、その努力の一つとして社会的に問題提起をする。それは大変な努力だし時間もかかるわけだけど、その事業体の問題を改善し、前向きに事業を進めていくことができる。問題点は自分たち自身の問題点でもあるし、経営している人たちの問題点でもあるんだけど、事業体としての問題点を指摘して改善の努力をすることが大切なんですよね。

前近代的経営者と闘った名古屋自動車学校事件

——名古屋自動車学校の事件は長い歴史があるようですね。


１９８１（昭和56）年、労働組合でいうと愛労評時代に遡ります。名古屋自動車学校は大脇一族が牛耳っていて、昭和38年と昭和51年に企業内組合として、労働組合を作ったことがありますが、すぐにつぶされた経験がありました。

しかし、他の自動車学校の労働者より賃金が年収で１００万円も安いなど、劣悪な労働条件の改善を求めて、愛知県自動車学校労働組合の名古屋自動車学校分会という形で１９８０年末に改めて組合を結成します。年が明けて会社に通告したら、途端に組合役員全員のクビを切ってきた。労働委員会に申し立ててそのときの解雇は一旦撤回されるのですが、職場の環境は全く改善されないので、81年春闘で時限ストをした。そこに、右翼・暴力団を乱入させて妨害しようとしたのに反対して、今度は無期限ストライキに突入したんです。

愛木労の事件では機動隊を呼んできたわけだけど、今度はピケを張っているところへ暴力団を呼んできて殴り合いになりました。

もともと産別の労働組合として愛知県自動車学校労働組合（略称・愛自学労）があって、城北自動車学校とか江南自動車学校とか自動車学校単位で分会を作っていて、委員長を城北自動車学校の浜島弘さんがやっていました。そのなかで、名古屋自動車学校港校は名自校港分会、春日井校が名自校春日井分会という形で作ったわけ。

――担当したのは高木弁護士の他に。

81年に登録したばかりだった若松英成弁護士、当時は名古屋第一法律事務所にいた岩崎光記弁護士が一緒だった。

最初の頃は組合に対する色々な攻撃的な事件、不当な処分とか差別、裁判もやったし労働委員会もいくつかやった。不当労働行為の救済申立と、処分されると裁判で争ったり。組合ができたその頃の委員長なんかは全員解雇されたからね、組合の委員長をやっているということだけですぐ解雇。永田芳彦さんとか手島実さんとか。その頃の役員のトップは全部解雇。

それに、会社が親和会という言わば第二組合を作った。親和会という名前だから形の上では労働組合ではないんだけど、実際にはそこと優先的に労使の協議をやって押しつける。あるいは、会社主催の忘年会に組合員は会費を出すのに親和会員は会費がいらない上に手当までもらうといった露骨ないやがらせが日常的にあって、全体の8割だった第一組合の組織率が2割までいっぺんに減りました。

名古屋自動車学校の当時の経営者のトップは大脇三夫、その後は娘婿が継いでいくんだけど、大脇三夫っていうのは労働基準法をはじめルールを一切眼中に入れてない。「俺は総評や共産党は大嫌いだ」とか「組合抜けたら200万円やる」とか言って。


——裁判・労働委員会と事件の経過は。


裁判にも勝って労働委員会にも勝つんだけど、落ち着いた頃に次の事件が起きる、起きるというか起こすんですね。

ずっと役員をやっていた永田芳彦さんが解雇された永田解雇事件。オートバイ教習の先生をしていた永田さんが生徒の指導を巡って教師間で暴力事件を起こしたという、言ってみればでっち上げでクビにしたのが、1990（平成2）年末です。これが組合差別だということで労働委員会、解雇無効で裁判所へということで、記録の整理が大変だった。

労働委員会は中労委まで行って、東京地裁に行政訴訟を向こうが起こして、そんなことばっかり。大脇三夫という当時の代表者のやり方はホントにひどかった。娘婿の大脇始はおとなしく対応するけれど、親父の影響下でやってるから結局は同じようなこと。それで、上部組織の代表者だった城北自動車学校の浜島さんが中に入って収束したんです。永田さんの解雇は撤回されましたが、嫌になって復職せず、トラックの運転手に転身しました。

手島さんは60歳になって再雇用を申し出たけど、他の人はみんな再雇用されてるのに手島さんだけアウトだったということで、これまた交渉しましたね。結局、ダメでしたけどね。

――労働委員会で勝った後に、不当労働行為の損害賠償の裁判もやられましたね。

元になった不当労働行為は、組合員を引っこ抜いて脱退させたり、団体交渉を事実上拒否するようなこと。学校経営者というのは、私学の経営者も含めて、労働組合のルールについて無視する傾向が強かったけど、ここの経営陣はその典型だった。

損害賠償は、一審で認められて、二審で和解したんだったかな。一審では上部団体の愛知県自動車学校労働組合に対して50万円、名古屋自動車学校分会に対して150万円、委員長の青山さん個人も名誉棄損の攻撃にさらされたとして150万ぐらい認められたと思う。

――最近でこそ出てきましたが、労働組合が不当労働行為をやられたことで損害賠償が認められるのは少なかったですよね。

昔は労働委員会の命令が出たら、だいたい従ってましたから。最近は従わないのが当たり前みたいになっていて、そのあたりが違うかな。

――今は残った組合員の内２人を原告に、定年後嘱託雇用の賃金差別を巡って訴訟をやっている。

青山さんと山田さん。２人が労働契約法20条を根拠に定年後の再雇用の賃金差別で闘っています。原告の２人は、40年近くよく残ったと思うね。青山さんなんかとても闘士には見えない静かな人だし、正義感や責任感から闘いつづけてきたんだろうね。

自動車学校労働組合って、愛労評の組合だったのが、そのまま連合に行ってる。思想的なものはないと思うんだけど、ボクが代理人弁護士という関係もあってか、地労委の問題でも東海労弁の総会でも組合員が出てくる。おもしろい組合ですね。事件ではないけど、城北自動車学校や東山自動車学校とか、相談を受けて交渉に出たり、江南自動車学校では身売りの話にも関わった。自動車学校も18歳人口が減って受講生が減っているので、経営はものすごく大変になっているんだね。60歳で定年になったら免許を取るのがはやった時期もあるけど、それももう終わったので、自動車学校そのものがじり貧なんじゃないかな。

——自動車学校の組合員たちは、弁護士との信頼関係がすごく強い。毎年、泊まりがけで新年会に行くとか、他の労働弁護士と組合員の関係にはないような。

ボクは、現場に何遍も出向いてるんです。暴力団を呼ぶなど会社のものすごい攻撃がストライキの現場でやられる。ボクは呼ばれてそこへ駆け付けて一緒に対峙する。そういう現場に何度も行ったことが、大きな印象として残っています。それは決して望ましいことではないけれど、そういう現場へ行くということは、労弁としていろいろなことを経験したり学ぶ場ではありました。

——現場で一緒に闘った、すぐ来てくれる弁護士だったということですか。

ボクは1989年に20年間お世話になった名古屋第一法律事務所を辞めて高木輝雄法律事務所を開きました。その事務所を開いたときも、その後また事務所を替わったときも、真っ先にお祝いに来てくれた。不思議な関係ですね。今は青山、山田。その前が永田、手島と組合員の中心メンバーは変わっているのに。

先ほど紹介した永田さんの事件では、解雇無効の仮処分の申立をするのに、一か月間かかりきりで申立書を書きました。年末にクビだと言われ、それからひと月、他には何もしないで収入もゼロ。

ちょうど高木輝雄法律事務所を開いて間もない時期、事務員が一人のときでした。手書きの原稿を永田さんにも読んでもらって、事務員がワープロで浄書する。それが夜中までかかって、地下鉄がなくなってから永田さんに送ってもらって帰ったことも度々でした。永田さんは自動車学校の先生だから、夜中でも運転大丈夫だからって。訴状だけでなく、準備書面を書くのもそうでした。森弘典弁護士が弁護団に入ってからは、彼がワープロやってくれたから事務員の負担は減ったと思うけど。

自動車学校の労働事件というのは、ホントに特別なんだ。経営陣もあらゆる差別的攻撃をかけてくるなど、無茶をやっていた。１９６０年代後半に作られた「ドレイ工場」って映画があったんだけど、職制に文句言うとすぐに暴力団が来るような、それと同じ、経営者の側がそこで時間が止まってる。

自分では意識してなかったけど、事務員の間では、新幹線と自動車学校とゆたかと、この三つについては、高木が普通じゃなくなるって言われていたみたい。

――この事件は成瀬さんや愛労評とのかかわりからですか。

ボクが弁護士になって比較的早い時期から、安藤巌さんと一緒に愛労評の新年会に行ったり、成瀬さんとは、新幹線訴訟のことでお話ししたように、原告団の支援要請に愛労評が賛成してくれたり。個人的にも、成瀬さんの家に遊びに行くような付き合いがずっとありました。新年会で集まって、ご飯食べて、一寝入りしてから麻雀を朝までやるとかね。いろんな意味で、スタンスは100パーセント一緒じゃないんだけど、労働問題については「テルさんよ〜、ちょっとおねぎゃあがあるんだけどよ〜」なんて言われると断れない関係。人間的にね。

成瀬さんは、共産党系だから嫌だとか、運動上そういうのがなかった人。憲法40年の記念行事を、憲法会議と護憲連合と愛労評と名古屋弁護士会の憲法問題研究会と、4者が一緒になってやりました。そのときも成瀬さんは中心になって一生懸命でした。憲法会議は森英樹さん、憲法問題研究会は野間美喜子弁護士、愛労評では竹内宏一さんが中心でしたが、竹内さんが成瀬さんの手足となって動かれました。それがピースあいちまでつながってる。

そんななかで、成瀬さんも、愛労評の議長というだけじゃなくて、考え方というか基本姿勢がほんとに変わってきたね。前にも述べたけど、1989（平成元）年に愛労評が連合へ行くときも反対をして、結局労働者委員もクビになる。それは大変だったけれども、最後はほんとうにちゃんとしていました。

——弁護士と労働者の関係性も変わってきましたが。

弁護士も変わってきたというか、さらりとした付き合い方になってきましたね。一緒に飲みに行くというようなことはあんまりないねえ。労働運動、労働組合活動と弁護士との関わりも、大きく変わっているというのが一つ感じてることですね。

打ち合わせをした後、昔は必ず飲みに行ってた。そういうところで学んだことって多かったですよ。組合の人たちと飲みに行くと、どういう考え方をするか、感じ方をするかということを教えられましたね。いろんな付き合いの中で、事件のことだけじゃなくて、運動のこととか人間的なことも含めて、労働組合の人たちとはいろんな形での付き合いがありました。

ただ、ボクは大学の頃から労働者の社会を作るために自分がやれることはやりたいと思って自治会活動などをやってきた。弁護士になろうと決めて司法試験を受けたのも、労働者や労働組合の人たちが中心になるような社会、労働者たちにとって生きがいのある社会を実現したいという気持ちだったから。その後安藤さんの第一法律事務所へ入って、藤井さんたちが合同化するというんでそこへ入れてもらって。労働事件を重視する事務所に入ることが、世の中を遠からず良くすることになると信じてやってたんだよね。だから、労働事件がたくさん起こっていた時代には、毎日午前2時までやって家へ帰って寝るのが4時ぐらい、朝は6時に起きてもう一度今日の尋問の準備をして、それで出かける。連日そういうのが続いていた。

もう一つ、ボクが弁護士になった当時は公害が社会問題になっていた。それも、健康に直接関わるような公害問題が日本中にあるという中で、四日市の公害訴訟の弁護団にも加わりました。当時の四日市の公害訴訟は、公害喘息で死者が多数出るというようなほんとうに生死に関わる問題でしたから、企業の姿勢を正し、住民や被害者を救うというのは切実な当時の社会問題だった。それに、大須事件を中心として弾圧事件がいくつかあった。

そういうところから弁護士をスタートしたボクの目から、今の社会、世の中を見ると、抽象的だけど、やっぱりもっと頑張ってもらわなきゃいかんなという気がしてる。時代が違うと言われればそれまでだけど。

名古屋三菱勤労挺身隊事件

――最後に、勤労挺身隊の訴訟について聞かせてください。訴訟が終わった今も運動に関わっておられますね。

日朝協会の小出裕さんから、自由法曹団支部事務局長だった長谷川一裕さんに、弁護団を作ってくれないかという話があった。最初、ボクは常任には入っていなかった。途中から常任みたいになったけど。平和委員会の高橋信さんや小出裕さんたちが中心で、この人たちはみんな同級生だから。

――挺身隊訴訟の全体像を教えてください。

第二次世界大戦の末期、日本国内の男性はみんな兵隊に行って、若い女性も勤労動員で使われたんだけど、それでも労働力不足で、各地の軍需工場などで働かせるために、当時植民地だった朝鮮半島から小学校６年生ぐらいの子どもたちを連れてきて働かせた。それも、騙して連れてきたんだからひどいんだ。日本へ来たらお金をやる、日本へ来たら勉強ができると言って、集団で連れてきて日本の工場で働かせるだけ働かせた。そこには明白に軍が関与している。中には親に黙って出てきたという子もいるんだけど、優秀な子どもを狙って連れてきている。名古屋は三菱重工で、ジュラルミンで飛行機の機体を作らせた。子どもにそういうことをさせて、賃金を払うと言っていたのに、戦争が終わって帰るときには賃金も払わず、着の身着のままで帰した。だから、損害賠償事件としてやろうじゃないかとなった。

まずは、原告の掘り起こしからでした。挺身隊問題が難しいのは、韓国国内で慰安婦と混同されているものだから、挺身隊として工場で働いていただけなのに慰安婦だったという烙印を押されて、あとの人生を無茶苦茶にされた人も多かった。それの損害もある。最初は、慰安婦と思われるということで名乗り出る人が非常に少なかったんだけど、私たちの活動を現地のテレビが取り上げてくれたりして、誤解が少しずつ解けて、挺身隊と慰安婦は違うということも拡がっていきました。高橋信さんと小出さんが長いことかかって掘り起こしをしてきた事件なんです。

――髙橋さんと小出さんは韓国で表彰されて、光州市の名誉市民になった。原告は、訴状提出の段階では顕名が4人、匿名が1人。あとから名乗り出られた人もいます。これは日本と韓国両方で訴えた。

最初に日本で訴えて、地裁で負け、高裁で負け、最高裁でも負けたんだけど、少なくとも高裁段階で事実関係については一応こちらの主張を全部認めて、法律論で日韓協定があるので国がそれを援用する以上は責任を問えないという判決を青山邦夫裁判官が書いて、それを最高裁が維持した。その後韓国で、事実認定や証拠は全部日本でやったのを使って訴訟をした。基本的にその部分では争いはなくて、法律論で韓国の裁判所はそれを認めると。名古屋でやったのが元になって韓国でやってるんだよね。

名古屋での訴訟提起は1999年です。訴状の提出は三・一独立運動の日に合わせて3月1日だったと思う。内河さんが団長で、ああいう人がいると幅広いとりくみでもまとまるね。

第一審判決は2005年、高裁判決は2007年5月31日、3回に分けて追加提訴しています。一審はあんまりいい印象がない。非常に形式的にやられたなと。原告の陳述書づくりのために、何度も韓国へ行って、ご本人たちと会ったりしたことが印象として残っています。

――先生が訴えている姿が韓国でパンフの表紙になりましたが、韓国の裁判では先生方の名前は入っているんですか。

資格もないんだし入るはずがない。事実上協力をして、法廷や集会にも弁護団で行ってる。韓国には何遍も行ったよね。お金にはならないし、みんな手弁当の持ち出しばかりで、事務所経営はどれだけ大変だったか。

行ったのは韓国だけで、北は行ってない。それは課題なんだけど、北朝鮮とは戦後処理をしていないから、国交回復したらいっぱいやらなきゃならない問題が出てくると思う。

訴訟で負けてからは運動する気もなくなったのか、弁護団からどんどん抜けて、弁護団会議が成立しないということがあって。それで運動班を作ってやっていこうとなって、気がついたらボクは運動班の会議の中心になっていた。三菱の本社前行動とか行ってね。

――先生の世代だと、子どもの頃の記憶としてもあるわけですか。

朝鮮勤労挺身隊の現場があったことはまちがいない。ボクが住んでいた熱田区の南のほう、港区や南区は、愛知時計や愛知機械など軍需工場だらけだった。そこで働いている労働者の中に、朝鮮から来た人たちがいるということは、うっすら記憶に残ってる。愛知時計には、中学生ぐらいかなあ、若い人たちが学徒動員で働かされていた。普通の年齢の人は全部出征していないもんね。そこが米軍の爆弾でやられて、亡くなった人が多数出たことも、社会的な動きとして耳に入ってきます。もちろん日本人労働者もいっぱい亡くなっているんだけど、朝鮮から来た労働者が大きな被害を受けた。ボクの住んでいた家も全焼しました。

原告の人たちは、空襲の話のほかに、東南海地震の話をしてたけど、地震については報道がなくて、日本人はほとんど知らなかった。彼女たちは直接遭っているからね。目の前で地割れして友だちがそこに飲みこまれていったとか。

——最初から難しい訴訟であることはわかっていましたが。

でも、第二次世界大戦中の問題について、訴訟で提起したのは、非常に意味のあることだよね。弁護団に入って、いろんな経験ができました。韓国の中でも市民運動が起き、裁判になり、救済につながるという大きな影響があった。まあ、ボクの記憶にある訴訟は、これに限らず、ほとんど難しいものだったけどね。

こんな訴訟は滅多にやれるものじゃない。挺身隊の事件をやって良かったと思うのは、韓国の歴史を勉強したことです。光州事件の当事者たちとも会いました。それが今に繋がっています。命がけで民主化闘争をやって国が変わるんだということを教えてもらったことは大きいと思いますね。

いつも思うのは、今の日本がひどいと言ったって、韓国の軍事政権に比べりゃたいしたことはない。政権に反対したら命を奪われるような時代でもないんだから。そんな政権の下で弾圧に耐えて民主化闘争をやってきた。日本はまだまだやれると思いますよね。海外のことを知ることにはそういう効果があるんですね。

労働弁護士として歩んできた立場から、今日の労働組合に思うこと

――インタビューも終わりに近付いてきました。最後に、いくつか思うことを語っていただきたいと思います。まず、今の労働組合について。

今までの繰り返しになっちゃうんだけど、ボクは修習生の頃から、労働問題を取り扱うような弁護士になって、労働事件、労働運動というようなものに関わりたいという気持ちが強くあって、労働問題を多く取り扱うような法律事務所を選んでそこへ入ったんです。労働者がこの社会を変えていくんだと、そういう気持ちをごく普通に持っていたわけ。弁護士になってからも、当時は労働事件が多かった。労働者のストライキ行動も多かった。それに対して会社側がロックアウトするとか様々な形で攻撃をする、県警や機動隊が中へ入る、そういうような事件が日常的にありました。ボクは、そういう闘いを積み重ねることによって社会が変わっていくんだという信念のもとに、毎日のように現場に駆けつけていました。社会はもっと前向きに進んでいくと信じて、それこそ2時間

睡眠を毎日のように続けるようなことも、一つの展望を描きながらやってきたんだけど、なかなかそうはなっていないのが現実ですね。

現状をみても、今の状態で社会がいい方向に向かって大きく変わっていくかというと、まだまだ不十分なところも多くて、労働組合はもっと力をつけなくちゃいけないし、もっと政治的・社会的なことにも目を向けなければいけないと思います。労働者の組合加入率もホントに低いからね。それでも、なんとか展望が持てるような社会を実現できないか。社会の状況が変わってきているから、以前と同じようなスタンスではなかなかうまくいかないと思う面もあると思うけど、労働者を中心とした国民の基本的な権利がきちんと実現される、それを実現するのに相応しい運動や闘いが行われる。そういう社会であってほしいと、今も思います。

抽象的・総論的で申し訳ないけど、一言で言えば「しっかりせい」と。

――そのなかで、労働弁護士の役割も大きいということですね。

弁護士の仕事というのは、社会の現実が大きな前提になります。現実の動きをベースにして、どのような内容か、どのような課題と結びつくか、どのような展望のもとにやっていくのかというように弁護士業務が具体化される。そこに社会の中のいろいろな闘いが出てくるし、法的な問題提起にもなってくる。こういうことが社会的に出てくれれば、弁護士の認識も変わってくるし、弁護士がやらなければならない課題ももっと前向きに変わってくる。そういうふうに感じています。

だから、社会のありようをもっと前向きに変えていくことが大切で、訴訟活動だけじゃなくて、社会運動にも自覚的、積極的に参加し、問題提起もしていくことが労働弁護士としての大きな課題だと思います。現状はその点が不十分だと思う。これからの社会の展望がもちにくい時代だけど、もっと闘いの先頭に立とうというのがボクの認識。もちろんボクもその一員としてやってきたわけだから、自分自身の反省でもあるわけですけどね。

——弁護士間の交流も余りできていない。昔はもうちょっと距離が近かったような気がするんですけど。ふだんの会議も予定されたものをこなすだけで終わっている。

ボクも今、東海労働弁護団の幹事会に出ていても全然面白くないと率直に思ってる。せっかく集まるんだから情勢を語り、どうしていこうかと議論をするから面白いんだけど、そうならないから。現実に50年の流れを見てると、後半はそういうふうになってきた。しかし、これがこのままずうっといくようでは、ますますボクの希望から遠のいていきますから、いろんなところで議論をしないといけないね。若い人も意見を言えて、率直な議論ができるような場がないと。今は事務的なことばかりになっていて、そういう認識にギャップができちゃったんだよね。運動は楽しくなきゃいけないのに、義務だけになって。

――いろんな組織が形式的で決められたことをやるだけの場になっている。これではダメだと始めた運動も、長く続けていると同じような形になってしまう。前やったから同じようにやればいいみたいな運動なんかやりたくもないですよね。常に考えて前に動くような、そういう運動を作りたいですよ。

それが今の大きな課題だね。そういう認識を多くの人に持ってもらって、社会をもっとよくしようと意見交換をする。そういうことを議論できるようになることが大きな課題。現実はなかなかギャップを感じざるを得ないということだけど。

ディベートすると負けたら嫌だということなのか、若い人がみんなと違う意見を言わないでしょ。ともかく言葉は悪いけれど、もっと喧嘩すればいいと思うね。自分の意見がまったくないというわけではないんだから、自分の考えていることを話す場所を作らないと。相手が機動隊だとか、権力であるというのではなくて、同業者のなかでも違う意見を言わないような傾向があるんじゃないか。

ただ、これは若い人だけの問題じゃなくて、先輩の弁護士にも問題があると思う。ボクは、喧嘩太郎とか瞬間湯沸し器とか言われながら、好きなようにやらせてもらったと思うけど、そういうのを許してくれた先輩弁護士は偉かったと思うね。何をこの若造がって思っていたむきもあったんじゃないかなあと思うこともあるけど。

――育てる観点が変わってきた?

弁護士は、事件で鍛えられるという面があるんだよね。取り扱った事件、あるいは事件の現場の状況、そういったものによって、どうしなければいけないか、それをどういうふうに解決していくのか、その上でどういうものを目指すのかというような、事件を通して問題意識を持ったり成長したりという面があるとボクは思う。

ボクの経験としては、社会にいろいろな問題があって、それをどういうふうに乗り越えていくかという運動が力強く行われていた。事件を取り扱ったり、運動に関わったりすることで、どういうふうにしたらいいのかと展望をもって考えることを教えられたり、鍛えられたりということがあったと思うんだけど。今は、労弁に限らないけど、鍛えられる材料が非常に乏しくなったという感じを持つね。

――しかし、現実には、労働弁護士として扱っている事件を見れば、ほんとにひどい状況にあります。平和の問題にしても弾圧の問題にしても、材料はいっぱいあるけれど、主体の我々がそれを拾って即座に動く、運動的に物事を組み立てていくことをやらなくなっている。

あのときがそうだった。1989年に地労委の労働者委員選任の問題で、法律関係の学者と弁護士が一緒になって知事に公平・公正な任命をして下さいという要請書を出したんだけど、要請書への署名をお願いする文書を、B4用紙3枚に丁寧に書いて何百通も郵送しました。うちの事務所だけで、といってもも弁護士はボクだけ、事務員一人だったけど。発送後に、メールもない時代だから全て電話で確認して署名をもらうという大変な作業でした。でもそれは、高木輝雄法律事務所だけでやるんじゃなくて、弁護士は団とか労弁とか青法協とか手分けして、学者も南山大学は小林武さん、愛知学院は宇佐見大司さん、日福大は稲子宣子さん、名大は森英樹さんというようにそれぞれ担当して、200人からの要請書にして知事に提出しました。その足で記者会見をしたら新聞各紙が報道してくれた。見える運動だとマスコミもついてくる。1989年が1回目だけど、地労委の委員選任は2年ごとにあるので、4回ぐらい出したかな。資料を入れた膨大な手紙を出したり、返信ハガキを入れたりしたけど、立場上名前は出せないからとカンパをもらったり、この運動は赤字にならなかった。

また、要請書を出すだけではだめで、もっと突っ込んで勉強しようとシンポジウムを開いたり、それをすぐにパンフレットにしたり、この運動で学者との距離が縮まった。それまでは知らなかった小林武さんと仲よくなれたのは嬉しかったね。このときは地労委民主化会議とか作ったし、国労の問題では鉄道フォーラム愛知なんて組織を作って運動したけど、弁護士と学者と労働組合と一緒になって運動をするという経験をずいぶんしました。

弁護士は事件を通して鍛えられると言ったけど、事件活動に特化するんじゃなくて、こうした横のつながりも大事にしていきたいね。

あとがき

私が高木輝雄弁護士と一緒に仕事をするようになったのは、名古屋の人材活用センター事件の仮処分申立を担当した時からです。当時、三重県の四日市法律事務所に所属していた私は、中部電力思想差別事件の弁護団の一員として、名古屋第一法律事務所に出入りしていましたが、国労・全動労の人材活用センター事件の仮処分の打ち合わせが行われるようになると、毎日のように名古屋第一法律事務所に出向くようになりました。それがきっかけで、私は高木弁護士が在籍する名古屋第一法律事務所に移籍しました。

その翌年、高木弁護士は名古屋第一法律事務所を出て、高木輝雄法律事務所をつくります。その4年後に私も事務所を出て、一緒に高木・中谷法律事務所をつくり、森弘典弁護士の加入に合わせて名古屋共同法律事務所と名を変えました。高木弁護士が名古屋共同法律事務所を退所した後も、現在まで一緒に労働事件を担当してきました。

本文でも出てきますが、高木弁護士も私もいわゆる労働弁護士（略称：労弁）となることを志して弁護士活動を続けてきました。労働弁護士とは、労働者の権利を守るために労働事件で労働者側に立って活動する労働事件の専門弁護士のことを言います。かつては総評弁護団、後には日本労働弁護団に所属しています。高木弁護士は、長らく東海地方の労働弁護士の団体である東海労働弁護団（東海労弁）の団長の職にありました。労働事件で使用者側の代理人を務めることはしないと決め、名古屋共同法律事務所もそれを事務所のルールとしてきました。

私は、30年近く一緒の事務所に居て、事件も一緒に担当してきたのに、高木弁護士の経験した弾圧事件（大須事件・高田事件）や初期の労働事件（全港湾検数分会事件、レストランスイス事件）などについて詳しい話を聞くことがありませんでした。多くの著名事件に関わりながら、あまり経験を語らなかった高木弁護士から、私と名古屋共同法律事務所に現在所属する塚田聡子弁護士（59期）、仲松大樹弁護士（63期）の3人が、高木弁護士の弁護士生活50周年を記念して、過去の経験を無理矢理に聞き出したのがこの本です。私も一緒に参加した事件もありますが、詳細を知らなかった事件もあります。もちろん、時代背景も違い、法律も制度上も現在とはさまざまな違いはありますが、労弁として労働事件や公害事件で社会的に弱い立場に置かれてきた人たちの立場に立つことを50年にわたり貫いてきた高木弁護士から、私たちが学ぶことは数多くあるように思います。

この本で触れられた事件には、名古屋三菱勤労挺身隊事件のように現在も生きてわが国に大きな影響を与えている事件もあります（２０１８年11月29日、韓国大法院において判決が言い渡されました。これは本文137頁～で紹介したように、日本での最高裁敗訴判決の確定後、韓国で日本の裁判所が認定した事実や提出証拠を利用して韓国で提訴された事件の上告審判決です）。

私は、この本を若手・中堅の弁護士、労働組合の活動家の方に読んでいただきたいと願っています。現在は、過去のさまざまな攻撃と闘いの中で築かれてきていること、過去の歴史を学ぶ中に未来に向けての闘いの展望を開くヒントが含まれているのではないかと考えるからです。

私たちが行ったインタビューを本にまとめるにあたっては、名古屋共同法律事務所の事務局長だった森扶佐子さんと編集者の吉田茂さんに大変お世話になりました。このお二人なくしてこの本は完成しなかったと思います。感謝いたします。

２０１８年12月１日

弁護士　中谷　雄二（36期）

【聞き取り日時と場所】

２０１８年１月６日　高木輝雄法律事務所（名古屋市熱田区）

２０１８年１月25日、３月６日、４月10日　名古屋共同法律事務所（名古屋市中区）

〔参考文献〕

名古屋第一法律事務所『駆けつ 転びつ』私家版、1988年
名古屋新幹線公害訴訟弁護団『静かさを返せ! 物語新幹線訴訟』風媒社、1994年
自由法曹団編『憲法判例をつくる』日本評論社、1998年
伊藤欽二『愛知労働運動の軌跡 走り書き④革新勢力の高揚、戦後第二の反動攻勢下の労働運動 1970年代の労働組合と労働者のたたかい』愛知労働問題研究所所報、2013年7月15日、第106特大号
http://www.roren.net/romonken/shohou.html
東京争議団共闘会議編『東京争議団物語』労働旬報社、1968年
野川紀夫『時の轍』光陽出版社、2007年
成瀬昇『野武士のごとく』エフエー出版、1988年
高橋利明・塚原英治編『ドキュメント現代訴訟』日本評論社、1996年
東海労働弁護団『二十年のあゆみ』私家版、1980年

労働弁護士50年。これまでも、これからも――

このたび、私の弁護士50年をテーマにした本を出版していただけることになり、あまり意識していなかった50年を振り返ってみる機会を得ました。

若いころは、数多くの刑事弾圧事件、公害事件、そして労働事件に日夜追われる毎日でしたが、その闘いの社会的意義を実感できました。

私は、これらの闘いを通して社会のあり方を改善していく思いで取り組みました。

しかし、当時の社会の状況と現在の状況とを比較してみたとき、まだまだ不十分との感をぬぐえません。

本書の作成に際して改めて思います。

私は76歳になりましたが、若い人の力を頼りに引き続き努力したいと思いますので、みなさんよろしくお願いします。

最後に、本書の作成、出版にご尽力いただいたみなさまに、心からお礼申し上げます。

ありがとうございました。

これからもよろしくお願いします。

高木　輝雄

■ **高木　輝雄**（たかぎ　てるお）
1942年　名古屋市熱田区に生まれる。
1966年　名古屋大学法学部卒業・司法試験合格（20期）
1968年　弁護士　名古屋第一法律事務所開設に参加
1989年　高木輝雄法律事務所開設
1993年　高木・中谷法律事務所
1999年　名古屋共同法律事務所
2015年　高木輝雄法律事務所　いまも弁護士として活躍中

■ **名古屋共同法律事務所**
〒460-0011
名古屋市中区大須4-13-46　ウイストリアビル５階
TEL 052-262-7061　FAX 052-262-7062

労働弁護士50年——高木輝雄のしごと

2019年１月31日　第１刷発行

編　者©名古屋共同法律事務所
発行者　竹村正治

発行所　株式会社　かもがわ出版
〒602-8119 京都市上京区堀川通出水西入
営業部　☎075-432-2868　FAX 075-432-2869
編集部　☎075-432-2934　FAX 075-417-2114
振替 01010-5-12436
http://www.kamogawa.co.jp

印　刷　新日本プロセス株式会社

ISBN978-4-7803-1007-8　C0036

装丁：加門啓子
組版：東原賢治